돈 모으는 습관

돈 모으는 습관

초판 1쇄 인쇄 2022년 03월 28일
초판 1쇄 발행 2022년 04월 04일

글 요코야마 미쓰아키 **옮김** 조사연

펴낸이 이상순 **주간** 서인찬 **영업지원** 권은희 **제작이사** 이상광

펴낸곳 (주)도서출판 아름다운사람들
주소 (10881) 경기도 파주시 회동길 103
대표전화 (031) 8074-0082 **팩스** (031) 955-1083
이메일 books777@naver.com **홈페이지** www.book114.kr

ISBN 978-89-6513-767-2 (03320)

이 도서의 국립중앙도서관 출판예정도서목록(CIP)은
서지정보유통지원시스템(http://seoji.nl.go.kr)과 국가자료종합목록구축시스템(http://kolis-net.nl.go.kr)
에서이용하실 수 있습니다. (CIP제어번호 : CIP2020015868)

파본은 구입하신 서점에서 교환해 드립니다.

돈 모으는 습관

요코야마 미쓰아키 **지음**
조사연 **옮김**

아름다운사람들

돈이 모이는 핵심 구조

안녕하세요. 《돈 모으는 습관》을 펼쳐 주셔서 감사합니다.

가계 회생 컨설턴트 요코야마 미쓰아키입니다. 저는 가계 회생 전문가로서 지금까지 2만 3000건 이상의 상담을 진행해 왔습니다. 가계 고민의 내용은 그야말로 백인백색입니다. 매달 살림이 마이너스라서, 저축이 늘지 않아서, 노후 자금이 부족해서 등등…. 그동안 저는 고민 하나하나와 마주해 온 경험을 살려, 돈 모으는 법을 소개한 《연봉 2천만 원부터 시작하는 저축 습관》과 돈 불리는 법을 테마로 한 《초보자를 위한 3만 원 투자 생활》등의 책을 집필했습니다.

돈을 모으고 불리는 방법은 사실 매우 간단합니다.

① 수입-지출=저축

② 저축 일부를 차곡차곡 투자로 운용한다

어떤가요? 뻔한 말이라 실망하셨나요? 하지만 이 방법
대로 실천하고 있는 사람은 소수에 불과할 것입니다. '①
의 수입에서 지출을 빼면 거의 남는 게 없어요, 순간 방
심하면 금세 마이너스인지라 ②의 투자를 할 여유가 없
어요.'라는 하소연이 들리는 듯합니다. 실제로 가계 상담
을 해 보면, 간단한 비결임에도 불구하고 실천 바로 직전
에 무너져버리는 고객이 많습니다. 저축은커녕 월급날이
엊그제인데 어느새 잔고가 텅 빈 현실 앞에서 무기력해
지기 일쑤입니다.

그렇다면 '돈은 왜 없어지는 것일까요?'

그야 물론 '지출'하기 때문이지요. 지출 때문이라고 하
니, 낭비, 부족한 절약 정신, 충동구매 등 과소비가 떠오
를지도 모릅니다. 써 버리면 돈은 안 남습니다. 당연합니
다. 하지만 어디에 어떻게 썼는지를 알면 다음부터 고칠
수 있습니다. 지난번 백화점에서 충동구매를 했더니 이
번 달은 벌써 얼마가 적자네, 하는 식으로 말이지요. 알
면 충동구매를 하지 않도록 조심해서 돈을 남길 수 있습

니다. 어디에 얼마를 썼는지 보이지 않는 상태, 이것이야 말로 지출 문제의 핵심입니다. 깜깜이 지출이 많으면 다음과 같은 일이 벌어집니다.

① '수입'(매달 일정하다)-'지출'(액수는 모르지만 나가고 있다)='저축'(모조리 써버려 남는 돈이 없다. 또는 돈이 모자라다)

② 저축이 없으니 일부를 차곡차곡 투자로 운용할 수 없다.

이것이 돈 모으는 간단한 비결을 실천해 보기도 전에 우리가 걸려 넘어지는 '걸림돌'의 정체입니다.

현금 없는 결제가 씀씀이를 더 헤프게 한다

그렇다면, 어떻게 걸림돌을 없앨 수 있을까요?

가장 좋은 방법은, 어디에 썼는지 모르는 깜깜이 지출을 눈에 보이도록 정리하는 것입니다. 매달 발생하는 지출은 '우리 집 살림이 돌아가는 데 필요한' 금액입니다.

돈을 잘 모으는 사람은 이 금액이 얼마인지 정확히 압니다. 지출 총액과 흐름을 잘 파악하고 있기 때문에 돈을 모아야겠다는 생각이 들면 새고 있는 듯한 지출 수도꼭지를 바로 틀어막을 수 있습니다.

반면 수많은 가계 상담 경험 상, 돈이 모이지 않는 가정에는 한 가지 공통점이 있습니다. 지출이 분산돼 돈의 흐름이 보이지 않는다는 점입니다.

오늘 얼마 썼는지, 어제 얼마 썼는지, 지금 지갑 속에 얼마 들어있는지, 한 달 식비로 얼마가 나가는지, 매달 내는 보험료는 누구의 무슨 보험인지…. 지출 총액, 내역에 관심이 없고 제대로 확인하지 않은 채 방치하기 일쑤입니다. 그 결과 월말이 다가오면 '어? 벌써 돈이 없네. 언제 다 썼지?'라는 패턴이 되풀이되는 것이지요. 게다가 비현금화 속도가 빨라지면서 상황은 더 심각해지고 있습니다. 이 가게에서는 포인트 적립 이벤트 중이니까 신용카드로 결제하고, 저 식당에서는 캐시백 혜택이 있으니까 QR 코드로 결제하고, 가끔은 시간 절약 차원에서 간편결제도 써 주고, 이런 식으로 뒤죽박죽인 사람이 많습니다. 결제 방식의 다양화로 지출이 분산돼 흐름이 보이지 않으니 돈 관리도 어려워질 수밖에 없습니다.

상황이 이러한데 여태껏 돈 관리가 허술했던 사람이 갑자기 뛰어난 관리 능력을 발휘할 수 있을까요? 아니요, 절대 그렇지 않습니다. 매달 실수입이 150만 원이든 200만 원이든 300만 원이든, 한 달 용돈이 만 원인 중학생이든, 누가 따라하든 돈이 모이는 구조, 이것이 제가 이 책을 통해 제안하고 싶은 내용입니다.

돈이 모이는 구조는 '미니멀'과 '기록'입니다.
우선, 돈이 나가는 출구인 지갑이 작아야 합니다.
그리고 분산된 지출을 기록해 정리해야 합니다.

그러면 무슨 일이 벌어질까요? '우리 집은 이 정도 돈이 있어야 돌아가는구나'라는 지출 규모가 보이기 시작합니다. 그 결과 수입이 많든 적든 누구나 돈을 모을 수 있게 되는 것이지요. 앞에서 언급한 방정식으로 변환하면 이렇습니다.

① '수입'(매달 일정하다)-'지출'(지출 금액과 내역이 분명하기 때문에 수입 안에서 살림을 꾸릴 수 있다)='저축'(돈이 남는다)

이 책에는 저축, 투자, 운용 노하우와 같은 어려운 이야기는 나오지 않습니다. '지갑'과 '평소 소비 패턴'에 초점을 맞췄습니다. 지갑과 소비를 '시각화'함으로써 불필요한 지출은 줄고 통장 잔고는 불어나는 비결을 담았습니다. 복권에 당첨되거나 사업이 대박 나거나 출간한 책이 베스트셀러에 올라 엄청난 인세를 받거나 하는 특별한 일이 벌어지지 않는 한 갑자기 억 단위의 돈이 굴러들어올 리는 없습니다. 물론 일확천금을 노리는 마음을 부정하지는 않습니다. 하지만 보통 사람이 큰돈을 모으기 위해서는 우선 지출을 파악해야 합니다. 이것이 돈 모으는 지름길입니다. 만약 당신이 노후 문제에 관한 뉴스를 듣고 장래에 불안감이 생겼다면 지금부터 차근차근 준비해 나갑시다. 특별한 능력도 과도한 절약도 필요 없습니다. 미래의 나를 위해 지금의 내가 차근차근 선물을 준비하면 됩니다.

오늘 할 수 있는 일부터 시작해 보면 어떨까요? 미래를 안심과 안정으로 채우는 일, 그렇게 어렵지 않습니다.

목차

제4장

효과는 즉시! 돈이 모이는 정리 습관

제 **1** 장

지출을
시각화해야
돈이 모인다

돈이 모이는 사람과 돈이 모이지 않는 사람'을 가르는
데 '수입은 아무 상관없다.'

"오늘 총 얼마 썼는지 알고 있는가?" 돈이 모이지 않
는 이유는 '얼마 썼는지 보이지 않기 때문'이다.

돈 정리 기술

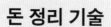

01

헤픈 씀씀이,
얼마 썼는지 알면
고칠 수 있다

나는 지금까지 2만 3000명이 넘는 고객과 재무 상담을 했다. 그리고 내가 내린 결론은, '돈이 모이는 사람과 돈이 모이지 않는 사람'을 가르는 데 '수입은 아무 상관없다'는 것이다(물론 수입이 엄청 많다면 얘기가 달라지겠지만).

　예를 들어 고객 중에는 월 550만 원의 세대 수입이 있음에도 불구하고 늘 가계 소득과 지출이 같아 고민인 부부가 있었다. 보너스가 있기는 하지만 주택대출금과 세금을 내고 나면 순식간에 사라지고, 저축이라고 해봐야 부부 합쳐 고작 몇백만 원이 전부였다.

　'남편이(혹은 아내가) 알아서 모으고 있겠지'라고 서로에게 떠밀다가 상담을 받으러 와서야 '우리 집에 돈이 없다'는 사실을 알고 허탈해 했다. 그런가하면 세대 수입 250만 원에 어린 자녀가 있는데도 착실히 저축을 불려 '노후를 위해 투자를 시작하고 싶다'며 찾아온 분도 있었다.

- 수입은 많은데 돈을 못 모으는 사람
- 수입이 많으니 저절로 돈이 모이는 사람
- 수입이 적어 돈을 못 모은다고 한탄하는 사람
- 수입이 적지만 착실히 저축하는 사람

당신은 어떤 유형에 속하는가?

참고로 가계 재무 상담 시 가장 힘든 부류가 '수입은 많은데 돈을 못 모으는 사람'이다.

이 부류의 사람에게는 썩 바람직하지 않은 공통점이 있다. 바로, 나가는 돈=지출에 대한 감각이 느슨하다는 점이다. 수입이 평균 이상인 사람일수록 본인이 '이건 필요해'라고 느끼는 즉시 바로 지갑을 여는 경향이 강하다. '차가 있으면 편리하고 폼 나고 기분도 좋잖아' 하는 생각이 들면 별 고민 없이 대출을 받아 새 차를 뽑고, 자녀

교육에도 통이 커서 아낌없이 투자한다.

지불할 능력이 있으니 필요한지 어떤지 깊이 생각하지 않는다. 씀씀이가 헤퍼질 수밖에 없다. 충분히 벌고 있음에도 불구하고 문득 정신을 차려 보면 다음 급여일까지 아직 한참인데 수중에 현금이 없다. 그런데 더 큰 문제는 '카드로 긁으면 되지 뭐'라는 생각이다. 신용카드와 간편결제가 있으니 당장은 괜찮아, 하고 위기감 없이 또 돈을 쓴다. 결국 다음 달 카드결제액만 착실히 불어날 뿐이다.

현금이 없으면 신용카드나 간편결제를 쓴다

'수입이 적어 돈을 못 모은다고 한탄하는 사람'도 지출에 둔감하기는 마찬가지다. 수입이 적은만큼 지출 규모가 작긴 하지만, 씀씀이가 큰 것은 매한가지다. 이 부류역시 월급이 들어와도 금세 현금이 바닥나는 통에 신용카드나 간편결제를 자주 이용한다. 그러다보니 한 달 동안 어디에, 얼마를, 왜 지출했는지 모르는 깜깜이 상태로 다음 월급날을 맞이하기 일쑤다. 어찌 됐든 돈이 월급 통장에 꼬박꼬박 들어오기만 하면 만사 오케이다. '지난달에도 어떻게 됐으니까 이번 달도 어떻게 되겠지 뭐'라며 굳이 소비 습관을 바꿀 생각도 없다.

반면 수입이 적어도 돈을 차곡차곡 모으는 사람은 지출을 일목요연하게 정리하기 때문에 돈의 흐름을 꿰고 있다. 뭐에 얼마를 썼는지, 불필요한 소비는 없는지, 지출을 꼼꼼히 살펴 살림을 규모 있게 꾸려나간다.

내가 씀씀이가 헤픈 사람에게 꼭 하는 질문이 있다.

"오늘 총 얼마 썼는지 알고 있나요?"

질문을 던지는 목적은 자신이 쓴 돈을 되돌아보라는 의미에서다. 1장에서는 먼저 '돈이 안 모이는 가계'는 어떤 특징이 있는지 살펴볼 작정이다. '이건 내 얘기네', '이런 가계도 있구나!'라고 당신의 소비 스타일과 비교하며 읽어보길 바란다.

돈이 모이지 않는 이유는 '얼마 썼는지 보이지 않기 때문'이다.

왜 보이지 않는지 그 원인을 더듬어가다 보면 틀림없

이 가계 흐름을 '시각화'할 수 있는 힌트가 보일 것이다. 앞에서 언급했듯 신용카드나 간편결제, 각종 전자화폐와 같은 다양한 방식의 비현금결제가 날로 늘고 있다. 어디에 얼마를 왜 썼는지 더욱 의식해야 하는 까닭이다. '이대로 가다가는 큰일날지도 몰라'라는 위기의식이 있어야 깡통 통장에서 탈출할 수 있다.

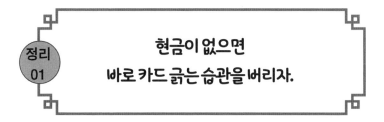

정리
01

현금이 없으면
바로 카드 긁는 습관을 버리자.

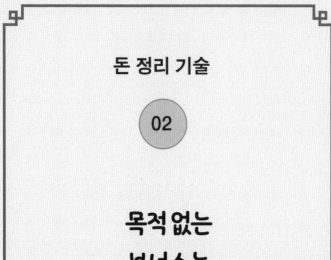

돈 정리 기술

02

목적 없는
보너스는
바로 사라진다

현금이 필요 없는 비현금 결제가 늘면서 '매달 얼마를 쓰는지 모르겠다'라고 걱정하는 목소리가 자주 들린다. 카드 이용대금명세서가 날아온 뒤에야 "이렇게나 많이 썼어?" 하고 놀라는 사람도 많다. 그런데도 위기감을 갖지 않는 이유는 무엇일까? '보너스' 때문이다.

보너스는 매달 생활비로 돌리지 않아도 되는 꽤 큰 액수의 수입이다.

2019년 일본의 리서치 업체인 마크로밀Macromill이 일본 민간기업에 근무하는 정사원을 대상으로 보너스 관련 설문조사를 실시했는데, 보너스를 받을 예정이라고 대답한 사람이 전체의 84퍼센트를 차지했다. 그렇다면 이들은 보너스를 어디에 사용할까?

같은 설문조사에서 물었더니 '저축'이 가장 많았다. 한편 '보너스는 순식간에 사라진다'고 답한 사람도 적지 않았다. 적자에 허덕이다 나를 찾아온 상담자 중에도 눈 깜짝할 사이에 보너스가 없어진다는 사람이 많았다.

보너스가 사라지는 원인은 두 가지다. 첫 번째는 보너스가 정해진 곳으로 모두 빠져나가기 때문이다.

이를테면 주택대출 보너스 중간 상환으로 100만 원.

자동차할부금 보너스 상환으로 50만 원.

신용카드 보너스 상환으로 80만 원.

과거에 구입한 물건 대금을 갚느라 현재, 그리고 미래의 보너스가 사라지는 꼴이다.

두 번째는 평소 씀씀이가 크기 때문이다.

예를 들어 벌어들이는 수입이 평균 이상임에도 불구하고 저축이 없는 사람은 살짝 비싼 물건을 구입하는 경향이 있다. 식재료는 반드시 유기농이어야 하고 샴푸는 논실리콘, SPA 브랜드는 쳐다보지도 않는 등 습관적으로 가격이 약간 비싼 상품을 구입한다. 지불할 능력이 있기 때문에 쓸데없이 돈을 쓴다고 생각하지도 않는다.

표면적으로는 매달 적자 없이 잘 유지되고 있는 듯하다 그러나 실제로는 신용카드 빚 일부가 보너스에서 나가는 등, 보너스로 적자를 메우고 있는 형국이다. 보너스가 들어와도 월급통장에 흔적만 남기고 순식간에 사라진다. 보너스가 어디로 나가는지를 보면 가계 건전성(양호도)을 알 수 있는 까닭이기도 하다.

우선 낼 돈이 있으니 괜찮다는 마음으로 큰 위기감 없이 악순환의 굴레에 갇혀 있지 않은지 현 가계 상황을 점검해 봐야 한다.

계획적? 충동적? 보너스 지출을 보면 알 수 있다

한편 돈이 모이는 사람은 보너스를 어디에 쓸지 신중히 생각한 뒤 자신과 가족을 위해 유의미하게 사용한다.

이를테면 자기개발 차원에서 자격증을 따 커리어를 업그레이드하기도 하고, 매일 수고하는 자신과 가족을 위해 여행이나 식사를 계획하기도 하는 등 발전적인 미래를 위해 투자하는 형태로 활용한다.

보너스를 어떻게 쓰는지에 그 사람의 미래 설계 수준

(라이프플랜)이 드러난다고 해도 과언이 아니다.

'10년 뒤에는 내 집 마련을 할 거야.',

'5년 뒤 대학 입시를 치르는 아이를 위해 교육비를 모아야지.',

'1년 뒤 결혼식까지 1000만 원을 모으겠어.',

'이직에 대비해 해외 유학을 다녀오면 좋겠지? 유학 자금을 모아야겠다.' 등

인생의 명확한 목표와 목적이 보너스 씀씀이에 나타난다.

'나와 가족의 미래를 위해 저축해야지.'

'전직을 하려면 내 가치를 높여야 하니까 새로운 기술을 배울 돈을 모아야겠어.'

이런 식으로 라이프플랜이 보너스 사용에도 반영되는 것이다.

반대로 보너스가 순식간에 증발해버리는 사람은 라이프플랜이 명확하지 않을 가능성이 높다. 눈앞의 욕구가 시키는 대로 지갑을 여니 지출만 계속 불어난다. 행여 불경기 탓에 보너스가 삭감되기라도 하면 갑자기 가계 살림이 파탄에 빠질 위험도 배제할 수 없다. 평소 돈을 헤프게 쓰다보면 서서히 가계 체력이 약해져 보너스가 극

약처방 격으로 사용되기도 한다. 결국 받자마자 보너스가 사라지는 악순환이 되풀이될 뿐이다.

　우선은 하루하루의 지출을 '시각화'해야 한다. 그러고 나서 라이프플랜에 맞춰 보너스 사용 계획을 세운다. 이 두 가지만 명심해도 통장 잔고도 착실히 늘어난다.

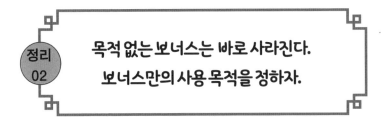

정리
02

목적 없는 보너스는 바로 사라진다.
보너스만의 사용 목적을 정하자.

돈 정리 기술

03

무작정 참기는 힘들다.
즐거워야 오래간다

지출이 늘어난 데에는 신용카드나 모바일 간편결제 등
이 증가한 탓도 있지만, 근본적인 원인은 본인의 '마음가
짐'이다. 비현금 결제는 어디까지나 돈을 지불하는 수단
에 불과하다. 결제 주체자인 내가 상황을 조절하면 지출
이 늘어날 일도 없다.

　그럼 어떤 '마음가짐'이어야 할까?

　재무 상담을 받으러 오는 고객 중에는 절약한다고 하
는데 좀처럼 돈이 모이지 않는다며 한숨짓는 고객이 무
척 많다. 자세히 들여다보면, 수도요금을 줄일 작정으로
화장실 물탱크에 페트병을 넣어둔다거나, 식비를 아끼기
위해 전단지 광고를 샅샅이 살펴 이리저리 마트를 돌아

다닌다거나, 전기요금을 절약하려고 외출할 때마다 콘센트를 전부 뽑아놓는 등 여러모로 애쓰는 이야기를 듣는다.

성실함을 넘어 인색함이 느껴질 정도로 절약에 매진하고 있지만, 눈에 보이는 큰 성과는 없는 듯하다. 이유를 따지다 보니, 한 고객은 '다이소 팬'이라는 사실이 드러났다. 처음에는 '싸고 절약도 되니까.'라는 생각에 다이소에 드나들었다. '1000원이라고? 편리한데 가격도 착하네? 안 살 수 없지.'라며 별 필요도 없는 물건까지 사기 시작했다.

결국 지금은 절약으로 눌린 쇼핑 욕구를 다이소에서 풀겠다고 작정이라도 한 양, 다이소에서만 매달 5, 6만 원씩 쓴다고 한다. 그러다 보니 쓸모 있는지 없는지 모를 다이소 물건이 집안 한가득이다. 이 밖에도 새로운 디저트가 출시되면 먹어보지 않고는 못 베기는 '편의점 디저트 팬'이 있는가 하면, '오늘만 포인트 ○배 적립' 등의 광고를 그냥 지나치지 못하고 이것저것 왕창 사버리는 '드러그스토어drugstore 팬'도 있었다.

세 유형 모두 평소에는 알뜰살뜰 생활하다가 '좋아'라는 필터가 씌워지는 순간 절약이니 계획적인 소비니 모두 깡그리 잊고 마는 것이다. 좋아하는 연예인 굿즈니까, 응원하는 팀을 위해서니까 이건 사도 돼, 하는 식이다.

귀여운 물건을 발견하면 '만 원도 안 되는데 뭘. 이런 건 안 사면 손해야.'라고 스스로를 설득한다. 술자리를 좋아하는 것까지는 좋은데, 취한 김에 택시로 귀가하곤 한다. 그러고선 '난 사람과 술을 좋아하는 인간 냄새 폴폴 나는 사람이니까.'라고 자기 합리화한다. 이런 식으로 '욕구 충족'을 위한 돈을 딴 살림 다루듯 하면, 절약으로 차곡차곡 쌓아 올린 저축도 눈 깜짝할 새에 휙 날아가 버리고 만다.

그렇다고는 하나 쇼핑을 하고 좋아하는 물건을 구입하는 행위는 사람에게 즐거움과 만족감을 준다. 쉽게 그만둘 수 있는 성질의 것이 아니다. 나 역시도 다이소 쇼핑을 좋아하고, 나 말고 돈 잘 모으는 사람들도 좋아하는 일에 돈 쓰는 일을 무작정 참지만은 않는다.

돈이 모이는 사람, 모으지 않는 사람을 가르는 기준은 맹목적인 절약이 아니라 지출 구조가 확립됐는지의 여부이다.

무작정 참기는 힘들다. 즐거워야 오래간다

구조라고 하니 어렵게 느껴질지 모르지만 그렇지 않다.

다이소나 편의점, 드러그스토어에서 발산하는 욕구 해소용 지출을 가계 예산 안에 따로 떼놓기만 하면 된다. 식비, 생활용품비 명목으로 생활비에서 지출하지 말고, 당신의 용돈에서 지불하도록 한다.

물론, 생활비나 용돈이나 수입원은 같다. 그러나 예를 들어 '한 달 용돈 30만 원'이라고 액수를 정해 두면, 전체 예산에서 지출이 확정된다. 또 '욕구 발산용 쇼핑은 용돈 범위 안에서만'이라고 구조화 시키면 그 이상 지출이 불지 않게 돼 가계가 긍정적인 방향으로 흘러간다.

그렇지 않고 '편의점에서 샀으니까 식비의 연장', '드러그스토어에서 구입했으니까 생활용품비의 연장'이라고 처리해 버리면 지출 내역이 파악되지 않아 브레이크를 걸기도 힘들다.

절약 강박에 눌려 좋아하는 데 쓸 돈을 참는 것보다, 일정 테두리를 만들어 그 이상은 사용하지 않겠다고 마음먹고 소비를 구조화하는 편이 훨씬 효과적이다. '용돈'과 '생활을 꾸리는 돈'을 명확히 구분 지으면 소비생활에도 생기가 돌고 관리가 쉬워진다.

또 정해진 용돈 안에서 자유롭게 소비하며 만족감을 느낄 수 있기 때문에 용돈을 계속 유지하기 위해서라도 가계를 더 알뜰살뜰 꾸리려고 노력하게 된다. 즉 지출에 융통성이 생김으로써 절약이라는 명분으로 욕구를 억제할 필요 없이 가계 전체가 건강해진다.

용돈 금액은 수입에 따라 몇 퍼센트라는 식으로 비율을 정하고, 부족분이 생겨도 보전하지 않는 대신 어디에 쓰든 자유라고 정해 놓는다. 이러한 규칙 아래 '절약하는 돈'과 '자유로운 돈'을 구별해 두면 생활에 즐거움과 활기가 넘친다.

소비 욕구를 무작정 누르기 보다는 제한을 두고 발산하겠다는 원칙을 세우는 것. 이것이 돈 모으는 사람의 살림 비법이다.

스마트 폰이나 카드로 간단히 쇼핑을 즐길 수 있게 된 지금이야말로 이 규칙을 실천해야 할 때다.

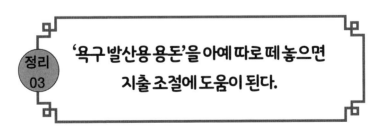

정리 03
'욕구 발산용 용돈'을 아예 따로 떼놓으면 지출 조절에 도움이 된다.

돈 정리 기술

인간은 '갖고 싶다'를 '필요하다'라고 속인다

우리는 '필요'와 '욕구'를 구분하고 있을까?

"돈을 어디에 썼는지 하나도 기억이 안 나."
"왜 월급 전날에는 돈이 없지?"

돈을 모으지 못하는 사람이 입버릇처럼 하는 말이다. 습관처럼 내뱉는 이러한 말 속에서 우리는 돈이 모이지 않는 사람이 가진 대표적인 문제를 엿볼 수 있다.

바로 돈 쓰는 일에 관대하다는 점이다.

이래서는 돈이 모이지 않는다.

혹시 특별 행사 중이니까, 세일하니까, 이벤트 중이니까 등등의 이유를 붙여 필요하지 않고 바로 쓸 일도 없는 물건을 사거나 하지 않은가?

전에 사 둔 물건이 집에 있다는 사실을 까맣게 잊고 생활용품을 중복 구입한 적은?

이러한 지출이 쌓이면 가계 살림 여기저기에 구멍이 뚫리기 시작한다.

모여야 할 돈이 '저렴해서', '행사 중이라 안 사면 손해니까'라는 이유로 줄줄 새고, 집에는 딱히 필요하지도 않은 물건이 점점 쌓인다. 여기까지 읽고 '내 얘기 하는 것 같은데?'라고 찔린다면 주의하기 바란다. 거창하게 들릴지도 모르지만, 냉정하게 객관적으로 자신의 행동을 점검해 보자. '이정도 쯤이야'라고 생각한 당신의 지출이 어쩌면 낭비일지 모른다.

지갑을 열기 전에, 카드나 스마트 폰으로 결제하기 전에, 반드시 '이 물건이 꼭 필요한가? 충동구매가 아닐까?' 하고 스스로에게 물어보는 습관을 들이자. 스스로에게 자문하는 시간을 잠깐만 가져도 지출의 질이 바뀐다.

서양에서는 부모가 아이에게 경제 교육을 시킬 때 "이건 필요한 거야, 아니면 갖고 싶은 거야?"라는 질문을 가장 먼저 한다고 한다.

● 필요=need
● 욕구=want

결제하기 전 스스로에게 '필요해서 사는가?', '그냥 갖고 싶어서 사는가?'라고 자문해 보면 깜짝 놀랄 때가 있다.

우리는 '그냥 갖고 싶어서'를 '필요해서'로 바꿔치는 능력이 꽤 탁월하기 때문이다.

그런데 정말 필요한가?

나도 물욕이 강한 편이라 갖고 싶고 사고 싶은 물건이 많다. 맘대로 돈을 쓰라고 하면 수중의 돈을 다 써버릴지도 모른다. 하지만 필요와 욕구라는 기준에서 생각해 보면, '갖고 싶어서 산 물건이 모두 필요하지는 않다'라는 사실을 금세 깨닫게 된다.

동시에 자신 안에, '욕구'와 '필요'를 순식간에 바꿔치기하는 놀라운 능력이 내재돼 있다는 사실을 알아차릴 것이다. 특별한 이유 없이 '그냥 갖고 싶어서' 샀으면서, "왜 샀어?"라고 물으면 "여차여차해서 필요하거든."이라고 이유를 끝도 없이 갖다 붙이는, 놀라운 능력 말이다. 이를테면, 우리 집에는 폼나는 DSLR이 있다.

줄곧 DSLR을 사고 싶어 하던 나는 가족에게 "가족사진을 예쁘게 찍을 줄게.", "아이들 성장기록에도 꽤 유용해."라고 구구절절 필요성을 호소한 끝에 드디어 손에 넣었다. 그러나 막상 손에 쥐고 보니 쓸 일이라고는 일 년에 고작 한두 번…. 구입하고 반년쯤 지나자 '필요'가 아니라 '욕구'에 휘말려 샀다는 사실이 분명해졌다. 지금은 아내와 딸들로부터 "방구석에서 먼지만 쌓이고 있네."라는 핀잔을 듣는 신세가 됐다.

분명 당신도 비슷한 경험이 있지 않나? 자신의 필요와 욕구를 냉정하고 객관적으로 판단하기란, '저건 함정이야'라고 알고 있어도 사실 어렵다. 그러나 어렵다고 지레 포기하지 말자. 그러면 돈을 모을 수 없다.

실제로 낭비가 많고 저축할 돈이 없다고 한탄하는 사람의 가계 상태를 점검해 보면 필요보다는 욕구에 치우친 소비가 많다. 그래서 나는 과거의 실패를 반성하는 차원에서도, '사고 싶어!', '갖고 싶어!'라는 충동이 강할수록 '그런데, 정말 필요한가?'라고 애써 자문한다.

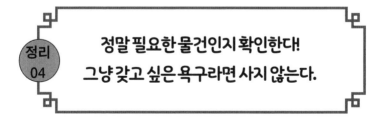

정리 04

정말 필요한 물건인지 확인한다!
그냥 갖고 싶은 욕구라면 사지 않는다.

돈 정리 기술

05

돈 못 모으는
사람의 방

전에 한 TV 드라마 감수자로 활동한 적이 있다. 이때 드라마나 영화 세트를 제작하는 전문가와 이야기를 나눌 기회가 있어 전부터 궁금했던 것을 물었다.

"돈을 못 모으는 사람의 집을 세트로 만들 때 가장 신경 쓰는 게 뭐예요?"

전문가의 대답은 망설임이 없었다.
"물건이 꽉꽉 들어찬 집으로 꾸미면 가난한 사람, 즉 돈을 못 모으는 사람의 집처럼 돼요."

쓰레기 집까지는 아니지만 선반마다 빈틈없이 늘어선 생활용품, 복도에 즐비한 컵라면이나 생수병 같은 비축 식재료, 옷장 밖으로 흘러넘치는 옷 등, 잡다한 물건이 가득한 공간을 만들면 돈이 안 모이는 집안 분위기가 풍긴다고 한다.

이런 질문도 했다.

"그런데 왜 물건이 넘친다=가난한 사람, 돈을 못 모으는 사람이라는 이미지로 연결되는 걸까요?"

"그러고 보니 왜 그럴까요? 경험상 그런 생각이 든 것뿐이지 정확한 이유는 잘 모르겠어요."라는 대답이 돌아왔다.

고개를 갸웃거리는 미술 스태프에게 나는 수많은 재무 상담을 통해 알게 된, '돈'과 '물건'과 '정리'의 악순환에 대해 설명했다.

1. 정리할 수 없어서 물건이 많다.
2. 물건이 많아서 집에 무엇이 있는지 모르니 중복 구매하게 된다.
3. 결과적으로 자꾸 헛돈을 쓰게 된다.
4. 파악하지 못하는 지출이 늘어 돈 관리가 소홀해진

다.

5. 그래서 돈이 모이지 않는다.

6. 물건이 너무 많아 정리할 엄두가 나지 않는다.

방에 물건이 많아 지저분한 사람, 냉장고 안에 유효기간이 지난 식재료가 굴러다니는 사람, 같은 물건을 두 번이고 세 번이고 사는 사람….

가계 상담을 받으러 온 '돈 관리가 서툰' 고객 대부분은, '방에 물건이 많고', '정리를 싫어하는' 경향도 함께 보인다. 돈 관리 능력과 마찬가지로 물건 관리 능력도 떨어져 방이 늘 지저분하고, 깜깜이 지출이 많으니 돈 관리는 엄두도 나지 않는다.

한 달에 한 번, 방 사진을 찍어 보면 '헛돈'이 보인다

실제로 당신 방에도 이 악순환의 고리가 보이지 않는지 확인해 보자. 한 달에 한 번이라도 좋으니 스마트 폰 카메라로 방 여기저기를 찍어 본다. 그러면 방에 무엇이 있는지 재확인되면서 '정말 필요해서 산건가?', '지난달부터 한 번도 안 썼네.'라는 식으로 필요, 불필요가 가려져 무계획적인 쇼핑을 억제할 수 있다.

또 사진을 찬찬히 살펴보며 아래와 같이 자문해 보자.

- 사진으로 방에 있는 물건을 재확인했을 때 어떤 생각이 들었나?
- 불필요하다고 생각한 물건은 무엇인가? 그 이유는?
- 필요하지만 없어도 되는 물건은?
- 꼭 필요한 물건은? 그 이유는?
- 앞으로 보충하고 싶은 물건, 갖고 싶은 물건은?

수차례 반복하다 보면 '물건'과 '정리'에 대한 나름의 기준이 생긴다. 나아가 앞에서 다룬 '필요'와 '욕구'를 구분하는 소비도 가능해진다. 시간이 지날수록 물건으로 넘치던 방이 꼭 필요한 물건만 갖춘 잘 정리 정돈된 방으로 거듭나게 될 것이다.

'돈'과 '정리'는 매우 밀접하다는 사실, 꼭 기억하길 바란다.

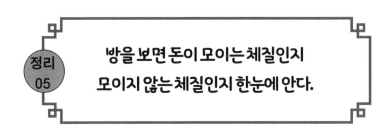

정리
05

**방을 보면 돈이 모이는 체질인지
모이지 않는 체질인지 한눈에 안다.**

돈 정리 기술

06

돼지 지갑으로는
모을 수 없다

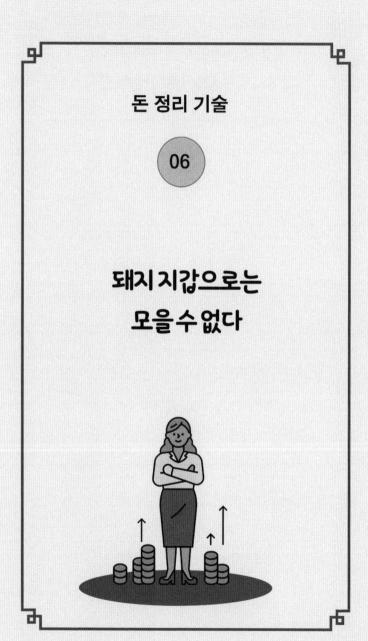

지금 사용하는 지갑에 돈 말고 무엇이 들어 있는가?

지갑을 꺼내 확인해 보자. 포인트카드, 신용카드, 영수증, 쿠폰, 할인권, 병원카드, 보험증, 운전면허증, 아이와 반려동물 사진 등, 지갑에는 '이렇게나?' 하고 놀랄 정도로 돈 이외 다른 물건들로 빼곡하다.

나는 이처럼 불필요한 물건으로 빵빵한 지갑을 '돼지 지갑'이라고 부른다. 돼지 지갑은 돈 모으기를 방해하는 요인 중 하나라고 생각하기 때문에 개선하도록 조언한다. 특히 권하는 족족 만든 포인트카드와 신용카드는 지갑을 돼지 지갑으로 전락시키는 일등공신이다.

"오늘 결제한 금액부터 포인트가 쌓여요.", "쌓인 포인트로 물건을 구매할 수 있어요."라는 계산대 직원의 말에 혹해 포인트카드를 만드는 마음은 충분히 이해한다. 그러나 그렇게 만든 새로운 포인트카드에 그 날 이후 포인트를 쌓은 적 있는가?

'가지고 있으면 쓸 데가 있을지도 몰라. 안 만들면 손해 아냐?'

이런 헛된 기대와 불안감 탓에 포인트카드를 계속 늘리면 지갑만 계속 빵빵해진다. 지갑을 체크하면 신용카드가 네다섯 장이나 되는 사람도 적지 않다. 포인트와 마일리지가 쌓이니까, 하는 나름의 이유야 있겠지만 진짜로 혜택을 누리게끔 사용하고 있는가?

실제로는 그다지 빈번하게 사용하고 있지 않을 가능성이 높다. 오히려 소지한 모든 카드의 혜택을 다 누릴 정도로 카드를 쓰면, 그것이야말로 카드 남용이다. 신용카드 여러 장을 동시에 사용할 경우 지출이 보이지 않고 파악도 잘 안 돼 행방이 묘연한 돈만 자꾸 늘어난다.

카드를 줄여야 불필요한 지출도 준다

포인트카드나 신용카드는 2, 3개월에 한 번 꼴로 지갑에서 모두 꺼내 이용 빈도를 체크한다. 2, 3개월 동안 한 번도 쓰지 않은 포인트카드가 있다면 과감히 처분한다. 그럼 반대로 반드시 갖고 있어야 할 포인트카드는 뭘까?

포인트 적립율과 사용 방법(현물인지 현금처럼 사용할 수 있는지 등)도 고려해야겠지만, 가장 중요한 고려 사항은 '자주 이용하는 매장'이냐는 점이다. 아무리 적립율이 높은 매장의 포인트카드를 가지고 있어봤자 쓰지 않으면 그냥 플라스틱에 불과하다. 자주 사용하는 매장의 포인트카드가 가장 혜택이 큰 포인트카드이다.

남길 신용카드를 결정하는 방법은 더 간단하다. 우선 연회비인데, 포인트 적립이 연회비 이하인 혜택이 미약한 카드는 정리 대상 1호다. 가령 연회비가 이만 원인 신용카드가 있는데, 회원특전으로 생일에 '5퍼센트 할인', 특정 기념일에 '10퍼센트 할인' 등의 할인 특전을 받을 수 있다고 치자. 얼핏 혜택이 큰 것 같지만 사용 빈도가 낮아 할인받는 금액이 1년에 총 이만 원이 되지 않는다면 소지할 가치가 없다. 또 연회비가 무료라고 해서 만들었는데 이듬해부터 연회비가 청구되는 경우도 있다. 아무 생각 없이 연회비를 지불하고 있다면 이 카드도 정리 대상이다. 이 밖에도 같은 회사 신용카드의 중복 소지도 쓸모없다.

평소 사용하는 편의점 제휴 신용카드, 은행 제휴 신용카드, 주유소 제휴 신용카드 등 권하는 대로 여러 카드를 만들다 보면 VISA, BC, Master 등 제휴처가 중복된다. 만약 카드마다 연회비가 발생하는 상태라면 이것이야말로 분산돼서 보이지 않는 불필요한 지출이다. 한 장으로 충분하다.

참고로 나는 스스로 판단하기에 신용카드를 가지고 다니면 위험한 사람이다. 먹는 거 좋아하고, 술 좋아하고, 취하면 통이 커져서 술값도 척척 계산하기 때문이다. 그래서 나는 신용카드를 '가지고 다니지 않기로' 결정했다.

기본적으로 현금 지불이다. 나머지는 은행 계좌에서 바로 결제되는 직불카드를 지갑에 넣고 다닌다. 무심코 신용카드를 긁는 일이 많다거나, 권하는 대로 신용카드를 만들어서 카드 장수가 계속 불어나는 사람은 '가지고 다니지 않는' 강경책을 써 보는 것도 한 방법이다.

그래도 나는 신용카드가 있어야 한다는 주의라면 '어

떤 포인트를 쌓을 것인가?'로 판단하자.

　마일리지를 적립해 여행갈 때 사용하고 싶다면 항공계 제휴 신용카드를, 티머니 같은 교통포인트로 환원받고 싶다면 교통계 제휴카드를 만드는 식으로 말이다. 생활비를 위해 현금처럼 사용할 수 있는 포인트를 원한다면 이커머스 계열 카드가 좋다. 역할과 필요에 따라 남길 카드를 정하는 작업을 거쳐야 돼지 지갑에서 지혜롭게 탈출할 수 있다.

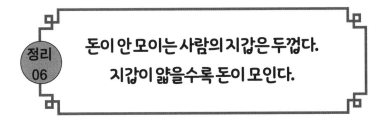

정리
06

돈이 안 모이는 사람의 지갑은 두껍다.
지갑이 얇을수록 돈이 모인다.

매달 60만 원 적자 살림의 극적 반전!
지출 흐름이 눈에 보이자 필요, 불필요가 명확해졌다

요즘 가계부 앱을 사용하는 사람이 많다. 현금 지불은 영수증을 촬영해 입력하고, 비현금 결제는 자동 기록되는 등 지출 '시각화'에 유용하다. 그러나 자동 기록 기능을 맹신하다가 가계에 구멍이 생기는 일도 많다.

상담을 받으러 온 A 씨 부부는 '슬슬 둘째를 가지고 싶은데 수년 전부터 저축이 늘지 않는다.'라고 고민을 털어놨다. 둘 다 회사원인 맞벌이 부부로 남편(35)과 아내(32), 어린이집에 다니는 큰딸(4), 이렇게 3인 가족이었다. 돈 관리는 가계부 앱으로 하는데 가계부 수치상으로는 흑자였다. 그런데 왜 저축이 늘지 않을까? 바로 '현금 지출의 기록 누락' 때문이었다.

A 씨가 사용하는 가계부 앱은 신용카드 및 전자화폐 결제는 앱과 연동돼 자동 기록되지만 현금으로 지불한 금액은 영수증을 촬영하거나 직접 입력해야 했다. 처음

사용 당시에는 부지런히 손으로 입력했지만, 점점 시간이 지나면서 남편도 아내도 일일이 기록하는 일이 귀찮아졌다. 그 결과 지출 파악에 빈틈이 생겨 가계의 전체적인 흐름이 보이지 않게 된 것이다. 그래서 가계 상담 자리에서 두 사람에게 가계부 앱에 자동 입력된 지출은 물론이고 기록이 누락된 현금 지출을 떠오르는 범위 안에서 모두 종이에 적도록 했다. 그러자 앱 상에서는 간당간당 흑자였던 그달 살림이 사실은 62만 원 정도 적자였다는 사실이 드러났다.

그런데도 A 씨 부부의 가계가 연간으로 봤을 때 마이너스가 아니었던 이유는, 두 사람의 급여와 보너스가 입금되는 계좌에서 신용카드 대금 등이 자동 인출되고 있었기 때문이다. 즉 가계 마이너스를 보너스가 메꾸고 있어서 다달이 발생하는 적자가 보이지 않았던 것이다.

보너스가 두 사람분이나 들어왔는데 계좌에 돈이 없다고?

이상하다고 생각하면서도 손쓰지 않고 방치한 탓에 저축할 여유가 없는 빠듯한 살림이 되고 말았다.

적자 살림이 60만 원 흑자 살림으로! 일등공신은 가계부

그래서 가계 상담을 통해 3개월이라는 기한을 정해두고 현금, 신용카드, 전자화폐 등 두 사람이 쓴 모든 돈을 메모해 가계부를 쓰기로 정했다. 가계부를 쓰는 목적은 가계의 현 상태를 파악하기 위해서다. 지출을 줄이려면 월간 지출 상황을 검토해 낭비라고 생각되는 부분을 없애는 작업이 중요한데, 현상 파악 없이는 개선책도 찾을 수 없다.

기간을 3개월이라고 정한 이유는 자신들이 언제 어떤 기분일 때 불필요한 지출을 하는 경향이 있는지 감을 잡아야 하기 때문이다. 결과적으로 A 부부의 가계는 식비와 의복비 지출이 방만하다는 사실이 드러났다. 부부가 둘 다 의류 회사에 근무해서 그런지 유행하는 옷, 헤어스타일, 메이크업에 민감해 최신 아이템을 습관처럼 사들이고 있었다. 독신 시절의 소비 습관 그대로였다.

또 맞벌이라 요리할 시간이 없는 탓에 외식을 하거나 백화점 식품 코너에서 사다 먹는 일이 잦았다. 이 부분이 차지하는 지출이 은근 컸다. 그래서 3인 가족의 한 끼 식재료가 세트로 들어있는 간편 조리 음식을 활용하는 등의 방법을 동원해 지출 상황을 개선했다.

최종적으로 식비 30만 원, 통신비 20만 원이 줄었고, 특히 의복비가 70만 원 정도 크게 감소했다!

의복은 구입하기 전 앞서 언급한대로 '필요'인지 '욕구'인지를 신중히 고민하라고 조언했다. 더불어 옷장에 흘러넘치는 두 사람의 옷을 정리하고 각각의 수납공간을 따로 마련했다. 반드시 정해진 공간 안에 들어갈 정도의 옷만 유지하려고 애쓰다 보니, 생각보다 많은 옷이 필요 없다는 사실을 깨달았다고 한다.

그 결과 모두 120만 원을 줄이는 데 성공했다. 적자 60만 원이던 가계가 60만 원 흑자 가계로 대반전을 이뤄낸 것이다.

제 **2** 장

지갑이
작아야
돈이 모인다

오늘, 이번 주, 이번 달에 총 얼마를 썼는지 모르겠다
는 사람이 점점 늘고 있다. 무계획적인 소비로 적자에
허덕이는 일도 허다하다. 이런 사람은 지갑을 작은 사
이즈로 바꿔 보면 어떨까? 작은 지갑의 작지만 큰 효
과를 소개한다!

돈 정리 기술

07

작아야
돈이 보인다

'당신 지갑에 지금 얼마 있는지 알고 있는가?'

대략적인 금액을 떠올린 뒤 책을 덮고 지갑을 열어 답을 맞춰보라.

어떤가? 대충 맞는가? 강연 등을 시작하기 전에 청중에게 이 질문을 던지곤 한다. 10원 단위까지 정확히 맞추는 사람은 별로 없지만, 오차 몇천 원 범위 안에서 맞추는 사람은 꽤 있다. 그런가하면 "얼마 있더라….''라고 고개를 갸웃거리는 사람도 많다.

어느 부류가 돈이 모이는 쪽일까?

물론 대답할 필요도 없이 오차 몇천 원 수준에서 지갑 내역을 파악하고 있는 사람이다. 이런 말을 들으면, '역

시 돈에 빈틈이 없어야 하는구나.'라고 생각할지도 모른
다. 또는 '하나하나 세고 있는 모습이 구두쇠 같다.'라고
깔보며 지갑 사정에 무심한 태도로 일관하는 사람도 있
을 터다. 하지만 사실 돈에 빈틈없는 태도가 중요한 것은
아니다.

중요한 것은 지갑과 돈에 대한 관심이다.

이를테면, 전설처럼 회자되는 이야기 중에 '부자는 장
지갑을 쓴다', '장지갑을 들고 다니면 돈이 모인다'라는
말이 있다. 실제로 나에게 "장지갑을 쓰면 정말 돈이 모
이나요?"라고 질문하는 사람도 있는데, 분명히 말해 '장
지갑을 쓰는 것'과 '돈이 모이는 것' 사이에는 아무런 인
과관계도 없다.

단, '지갑을 바꾸면 돈이 모일 수도 있다'라고는 생각
한다.

큰 지갑을 작은 지갑으로 바꾸면
돈에 대한 '인식'이 바뀐다

돈이 모이는 사람은 지갑 형태에 상관없이 자신의 지

갑에 애착을 가지고 매우 소중히 다룬다. 조심조심 사용하기 때문에 지갑 자체도 깨끗하다. 지갑에는 돈만 들어 있는 경우가 대부분이고 오만 원짜리, 만 원짜리, 천 원짜리가 순서대로 방향에 맞춰 나란히 정렬되어 있다. 이렇게까지 돈에 관심이 많은 사람은 지폐를 반으로 접거나 동전과 지폐가 섞이는 것을 싫어하기 때문에 결과적으로 장지갑을 선호하게 된다. 그래서 부자는 장지갑을 사용한다는 이미지가 생겼는지도 모른다.

반면 돈이 모이지 않는 사람은 지갑을 함부로 취급하는 경향이 있다.

모서리는 닳고 겉은 더럽고 지갑 안은 돈 이외의 물건으로 가득하다. 영수증, 할인권, 포인트카드, 신용카드 등으로 터지기 일보 직전의 빵빵함을 뽐내는, 말하자면 '돼지 지갑' 상태이다. 또 지폐도 두세 번 접힌 상태로 꽂혀 있거나 오천 원짜리, 만 원짜리, 오만 원짜리 지폐가 어수선하게 섞여 있고, 영수증이 지폐 사이사이에 끼여있다가 계산할 때 지폐와 함께 팔랑팔랑 떨어지는 일도 허다하다. 그야말로 지갑에도 돈에도 전혀 무심한 상태다.

'돈이 모이지 않는 사람'의 지갑은 주로 다음과 같다.

- 지갑이 빵빵하다.
- 지갑 속 지폐 방향이 위아래, 앞뒤가 제각각이다.
- 지폐가 꾸깃꾸깃하다.
- 한 번 방문한 뒤 다시 가지 않은 매장의 포인트카드 가 여러 장 들어있다.
- 신용카드가 여러 장 꽂혀 있다.
- 기한이 지난 할인 쿠폰 등 쓰레기와 다름없는 종이 가 그대로 들어있다.
- 영수증이 한가득이다.

어떤가? 지갑을 열어 한 번 확인해 보라. 그리고 행여 해당하는 항목이 하나라도 있다면 좀 더 지갑과 돈에 관심을 가지길 바란다.

가계 상담 시 상담자의 지갑이 돼지 지갑이면 지갑을 다시 마련하라고 권한다. '되도록 작은 지갑'으로 말이다. 왜냐면 지갑이 작으면 물리적으로 들어가는 양이 한정되기 때문이다. 우선 공간을 차지하는 신용카드, 직불카드, 포인트카드 등이 몇 장이나 되는지 재고하는 기회가 된다. 계속 소지할 포인트카드를 추리다 평소의 무계획적인 소비 습관을 반성하게 될지도 모른다. 또 영수증을 되는대로 쑤셔 넣을 공간이 사라지게 되니 필연적으로 하루 이틀이 지나면 지갑 밖으로 꺼낼 수밖에 없다. 이때 자신이 산 물건을 되돌아보며 '돈을 너무 많이 썼나?'라는 생각이 든다면 다음날부터 '바짝 조여 보자.'라고 마음을 달리 먹을 수도 있다.

즉 지갑 사이즈가 작아지면 관심이 돈으로 향하게 된다.

지갑에서 돈이 나가고 들어오는 일에 관심을 가지고 관리를 잘해야겠다는 마음이 생겼다면, '돈이 모이지 않는 사람'이라는 꼬리표를 떼기 위한 첫발을 뗀 셈이다.

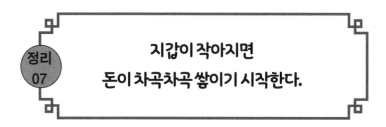

정리 07

지갑이 작아지면 돈이 차곡차곡 쌓이기 시작한다.

돈 정리 기술

08

비현금 시대,
큰 지갑은 필요 없다

'비현금 결제'가 어느새 일상이 되었다. 기존에도 신용카드나 전자화폐와 같은 현금 없이 하는 결제 방식이 존재했지만, 최근에는 스마트 폰으로 결제할 수 있는 삼성페이, 카카오페이, 네이버페이, 제로페이와 같은 '모바일 간편결제'가 대세다. 높은 포인트 적립과 편리성, 공격적인 마케팅 덕분에 많은 사람이 스마트 폰 결제에 관심을 갖고 실제 일상적으로 사용하고 있다. 또 요즘은 대부분의 매장에서 포인트카드 대신 전화번호 뒷자리만 대면 포인트를 적립할 수 있게 되었다.

　주요 대형마트의 포인트카드는 물론이고, 서점, 대형

가전마트의 포인트카드도 자취를 감춘 지 오래다. 대신 전화번호 뒷자리만 말하면 포인트가 알아서 착착 쌓인다. 즉, 수중에 스마트 폰만 있으면 지갑 속 신용카드나 포인트카드를 한꺼번에 줄일 수 있는 환경이 갖춰졌다.

선불 충전식 카드를 활용하면
과소비를 막을 수 있다

내가 매일 가지고 다니는 지갑에는 만 원짜리 몇 장과 직불카드, 간편결제 페이카드, 운전면허증이 들어있다. 평소 외출할 때는 이것만 있으면 충분하다. 참고로 간편 결제 페이카드는 오프라인 매장에서도 사용할 수 있는 플라스틱 카드다. 사용할 금액만큼 카드 잔고를 미리 충전하는 프리페이드(선불 충전) 카드라서 생각없이 긁어대다가 불어난 결제액에 가슴 철렁할 염려도 없다.

현금과 함께 어떤 카드, 어떤 간편결제를 병행할지는 당신 자유다. 단, 안 하면 손해일 것 같아서 이것저것 마구잡이로 간편결제 앱을 다운받아 사용하는 일만은 추천하고 싶지 않다.

이 매장에서는 카카오페이카드, 저 매장에서는 삼성페이, 또 다른 매장에서는 ○○페이라는 식으로 긁다보면 지출이 분산돼 자신이 어디에 얼마를 지불했는지 제대로 기억하기조차 어렵기 때문이다.

현금 없이도 소비할 수 있는 환경은 분명 우리에게 편리함을 선사해 줬지만, 각각의 앱에 기록된 '지출 내역'만 가지고 전체 지출 규모를 파악하기란 무척 어렵다. 그만큼 가계 관리도 엉성해질 수밖에 없다. 이래서야 '돈이 모이는 사람'으로 새 출발 하겠다며 지갑까지 바꾸고 노력한 의미가 무색해진다. 이미 생활 깊숙이 자리 잡은 비현금 결제를 슬기롭게 활용할 수 있게끔 지갑 정리를 시작해 보자.

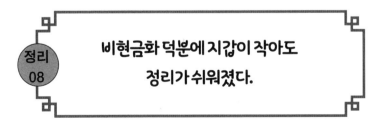

정리 08

비현금화 덕분에 지갑이 작아도
정리가 쉬워졌다.

09

세 개면
충분하다

작은 지갑에는 무엇이 들어있을까?

신용카드 1장, ○○페이카드 1장, 소액의 현금으로 충분하다. 좀 더 자세히 살펴보자.

내 경우, 비현금 결제와 전화번호 포인트 적립 덕분에 지갑이 작음에도 불구하고 지갑 안이 더 깔끔해졌다. 예전에는 자주 가는 서점, 대형 가전제품 매장, 동네 마트 등의 포인트카드를 항상 지갑에 넣고 다녔다. 그러나 지금은 대부분 전화번호만 말하면 적립·조회가 가능한 시스템으로 바뀌었기 때문에 그럴 필요가 사라졌다. 카드를 제시하지 않아도 포인트는 착착 쌓인다.

지갑에 남은 카드는 직불카드와 ○○페이카드(선불 충전식), 그리고 현금 몇만 원 정도다. 평소 외출할 때는 여기에 스마트 폰만 있으면 충분하다. 물론 개인마다 소비 경향이 다르기 때문에 모두가 약속이라도 한 듯 '소형 지갑에 신용카드 1장, ○○페이카드 1장, 현금 약간'만 가지고 다닐 수는 없다. 하지만 신용카드 여러 장에 포인트 카드 5장, 여기에 비상시를 위해서라며 현금도 몇 십만 원씩 들어 있는 지갑은 분명 시대에 뒤떨어지는 감이 있다. 때로는 현재의 삶에 맞춰 궤도를 수정하는 태도가 필요하다.

예전에 한 부부가 가계 상담을 받으러 왔는데, 이야기 도중 라이프스타일 변화에 맞춰 신용카드 혜택을 바꿨던 에피소드를 들려줬다. 두 사람은 독신 시절과 마찬가지로 결혼 후에도 해외여행을 매우 좋아해서 각각 마일리지 적립률이 높고 국내외 공항 라운지를 이용할 수 있는 항공회사 계열 골드 카드를 사용했다고 한다. 연회비는 연간 10만 원 이상, 둘이 합해 30만 원 가까이나 됐지만 마일리지 적립이 쏠쏠하고 해외여행자보험의 보상 금액도 충분했기 때문에 그만한 가치가 있다고 생각해 계속 사용했다. 그러나 아이가 태어나고, 라운지에서 편히 쉬면서 즐기는 여행 스타일은 당분간 어렵다는 사실을 깨닫고 소지하던 신용카드를 재검토했다. 그 결과 집 근처 대형마트의 연회비 무료 신용카드가 적당하다고 판단했다.

생활이 변하면 사용하는 카드도 변하기 마련이다. 제공받는 혜택에 합당한 금액이라고 생각해 납부해 오던 연회비가 낭비라고 느껴지는 순간 연회비 무료 카드로 갈아탄 것이다. 이 부부의 카드 재검토는 매우 현명한 지갑 정리법이라 할만하다.

지갑은 정리했는데 스마트 폰 속이 뒤죽박죽

비현금화에 대처하는 자세도 마찬가지다. 지금 우리나라와 마찬가지로 일본도 정부주도로 비현금화 보급을 위해 다양한 서비스가 제공되고 있다. 경제산업성(우리나라의 산업통상자원부-옮긴이)의 데이터에 의하면 일본의 비현금 결제 이용률은 다른 나라에 비해 매우 낮다. 한국이 이용률 90퍼센트, 중국이 60퍼센트인데 반해 일본은 20퍼센트 정도에 불과하다.

일본 정부는 2020년까지 이용률을 40퍼센트까지 끌어올리고자 포인트 환원, 캐시백 등의 이벤트를 지원 중이다.

50종류 이상의 비현금 결제 앱 홍수 속에서, 우리는 이것저것 비교해 보지 않으면 도대체 무슨 앱을 사용해야 할지 결정하기 힘든 과도기에 들어선 상태다. 이러한 상황에서 아무쪼록 조심해야 할 것이 '이렇게나 혜택이 많은데 안 쓰면 손해'라는 주위 소음에 휩쓸려 신중히 생각해 보지 않은 채 여러 앱을 다운받아 이리 기웃 저리 기웃하는 태도다.

애써 지갑 안을 정리해 카드를 줄여놨는데, 결제 앱으로 스마트 폰을 도배하면 지갑을 정리한 보람이 없다. 아무 생각 없이 이것저것 결제 앱을 깔다가는 포인트 환원과 캐시백을 받을 생각에 들떠 굳이 안 사도 되는 물건까지 충동구매 하는 등, 물건 구입이 목적인지 서비스가 목적인지 분간이 되지 않는 상황이 벌어질 게 뻔하다.

편리해서 사용하는 것이 아니다. 나에게 필요하니 활용할 뿐이다. 이 관점을 꼭 기억해야 시대 흐름에 현명하게 대처할 수 있다.

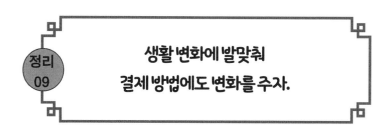

정리
09

생활 변화에 발맞춰
결제 방법에도 변화를 주자.

돈 정리 기술

10

간편결제 카드는
선불 충전식이 좋다

비현금 결제 수단으로 내가 추천하고 싶은 서비스는 카카오페이, 네이버페이 등과 같은 간편결제 카드다. 물론 스마트 폰 간편결제 앱에 신용카드나 체크카드, 은행 계좌를 연결해 놓고 계산 시 QR코드나 바코드를 제시하는 방법도 있지만, 나는 실물 카드를 은행 계좌와 연결해 두고 사용한다. 물론 사용 가능 가맹점이 많은 카드일수록 편리하다.

또 자동충전식보다는 사용할 금액을 미리 충전해 두고 사용하는 방식을 추천한다. 간편결제 서비스에 신용카드를 등록해 사용할 경우, 신용카드 사용 한도액 안에서 맘껏 쓸 수 있기 때문에 소비 제어가 어렵다. 하지만 쓸 만큼만 미리 충전해 사용하면 사용 한도를 스스로 제한할 수 있다. 충전 방법은 간단하다. 평소 사용하는 은행 계좌를 등록해 두기만 하면 된다. 직불카드와 교통카드의 중간 정도라고나 할까?

우리 집은 간편결제 카드와 가계부 앱을 연동시켜 식비와 생활용품을 구입하는 데 사용 중이다. 나중에 자세히 설명하겠지만, 우리 집의 기본적인 식비, 생활용품비 예산은 일주일에 20만 원이다. 일주일에 한 번씩 이 금액을 채워 넣는 식이다.

지금은 매주 15만 원은 간편결제 카드에 충전하고, 5만 원은 생활비용 지갑에 넣어 둔다. 주로 아내가 충전된 카드로 식비 등을 결제하고, 지갑에 남은 현금은 아이들 심부름용으로 사용한다. 카드 사용 내역은 가계부 앱에 바로 자동 기록되므로 현금 지출만 나중에 직접 입력하면 언제, 어디에서, 무엇에 얼마를 썼는지가 한눈에 들어온다. 가계 재정 관리가 극적으로 편해졌다. 시중에 나와 있는 간편결제 페이카드의 공통적인 혜택은 다음과 같다.

- 연회비가 무료다
- 카드 사용액 중 일정 비율이 캐시백으로 적립된다
- 포인트를 현금처럼 사용할 수 있다
- 이용 내역을 문자로 바로 알려준다
- 온라인쇼핑에서 사용할 수 있다
- 앱에서 입금, 이용 내역, 잔고 등을 바로 확인할 수 있다
- 환전할 수 있다(충전한 금액을 원하는 외화로 환전 가능. 사전 신청 필요)
- 가계부 앱과 연동된다(뱅크샐러드, 네이버 가계부 등)
- 은행 계좌 번호를 몰라도 전화번호를 알면 송금 수수료가 무료다
- 더치페이 기능이 있다

보안 면에서도 충전이나 카드를 쓸 때 SMS로 '○○원 결제(충전)됐습니다.'라고 바로 연락이 오기 때문에 안심할 수 있다. 백화점 등에서 결제할 때 카드가 수중에 없어도 결제한 순간 알림이 오기 때문에 부정사용 등 괜한 불안감에 떨지 않아도 된다.

돈을 썼지만 안 쓴 느낌
자동충전 기능에 감춰진 함정

한편 간편결제 카드를 사용할 때 '편리하다'라는 이유로 자동충전 기능을 이용하고 있다면 주의가 필요하다.

예전에 40대 주부 B 씨가 "비현금 결제를 하면서부터 살림이 적자다."라고 하소연하며 상담을 의뢰했다. 이야기를 들어보니 어느 달엔가는 고급 식재료를 대량으로 구입한 탓에, 남편과 둘만 사는데도 불구하고 한 달 식비로 130만 원이나 썼다고 한다. 갑자기 왜 이렇게 씀씀이가 커졌는지 그 원인을 살펴보니 바로 자동충전 때문이었다.

B 씨는 "충전한 금액을 다 쓰면 또 새로운 금액이 자동으로 충전되다 보니 잘 따져보지 않고 마구 써버렸다."라고 한다. 일정 금액 이하로 잔액이 줄면 자동으로 은행 계좌나 신용카드에서 전자화폐가 채워지는 시스템이라서 마치 돈을 안 쓴 듯한 착각에 빠지는 것이다. 비현금 결제의 부정적인 측면이라고까지 말할 수는 없지만, '편리하다'와 '마구 써도 된다'는 다른 문제다.

자동충전 기능은 충전하는 수고를 덜어줘 편리하지만

'지금, 얼마 썼는지'에 대한 인식이 희미해진다. 또 '난 항상 돈이 충분해'라는 착각에 빠질 위험도 있다. 돈이 어디로 얼마가 나갔는지 헷갈리고 지출이 여러 곳으로 분산된다. 게다가 어디에 썼는지 정리해 눈으로 확인하기도 전에 멋대로 새로운 돈이 충전되는 꼴이다. 이러면 불필요한 지출이 늘어날 수밖에 없다.

비현금 결제라고 해도 결제 방법이 바뀌었을 뿐이지 결국 내 돈이다. 변한 것이 있다면 말끔하게 정리된 지갑이다. 가계 관리의 기본은 변하지 않는다.

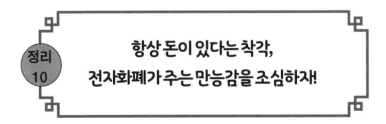

정리
10

**항상 돈이 있다는 착각,
전자화폐가 주는 만능감을 조심하자!**

돈 정리 기술

11

하루에
지갑을
몇 번 여는가?

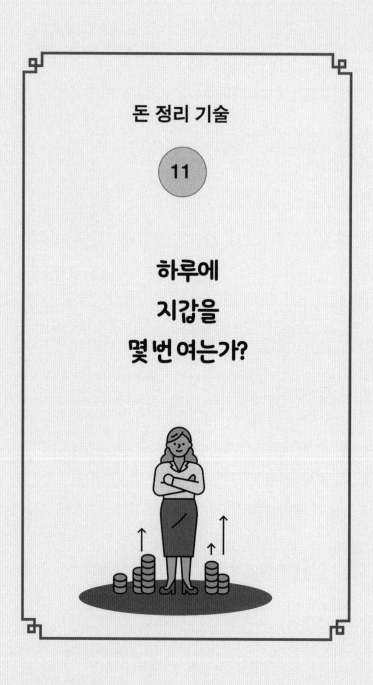

돈을 안 쓰는, 단순하지만 매우 효과적인 방법이 있다. 바로 지갑 여는 횟수 줄이기이다.

대개 우리는 별생각 없이 지갑을 꺼내 돈을 지불한다. 실제로 당신의 이번 일주일을 떠올려 보라. 어제는 지갑을 몇 번이나 열었나? 3일 전에는? 일주일 전에는? 대부분 '몇 번이더라?', '모르겠는데?', '그런 걸 왜 신경 써?' 하는 반응을 보일 것이다. 자 그럼 오늘부터 시험 삼아 '지갑 여는 횟수'를 의식하며 하루를 보내보자. 의외로 자주 지갑을 열고 닫는 자신을 발견하게 될 터다.

아침, 출근 전에 편의점에서 샌드위치와 커피	5,000원
사무실 자동판매기에서 음료수	1,500원
점심시간, 근처 음식점에서 런치	8,500원
런치 후, 편의점에서 커피	1,000원
오후, 외근 후 카페에서 후배와 미팅	3,000원
퇴근 후 대학 친구와 술 한잔	35,000원
귀가길에 역 앞 편의점에 들러 야식 구입	10,000원

모두 7번. 술자리 지출 이외는 금액으로 치면 만 원 이하이다. 그러나 1회 평균 5,000원이라고 해도 7번 지갑을 열면 35,000원이다. 참고로 이날 지출만 생각해 보면, 취한 김에 산 야식 탓도 있지만, 하루 동안 64,000원이나 지출했다.

소액이라도 지갑을 여는 횟수가 잦다면 조심하자

가령 하루 종일 집 근처에서 보낸다고 가정해 보자. 인터넷으로 주문한 물건이 착불로 와서 택배비를 지불하기도 하고, 저녁 식사 준비를 하러 마트에 가기도 하고, 커피 생각이 나 테이크아웃으로 커피를 사기도 하고, 커피와 먹을 디저트를 사기도 한다. 의외로 지갑 열 일이 많다.

지갑을 자주 여닫고 있다면 그만큼 돈을 쓰고 있다는 얘기다. 특히 절약하는데도 돈이 모이지 않아 고민인 사람 중에는 사용 액수는 푼돈이지만 지갑을 여는 횟수가 많은 경향이 있다. 이를테면 돈을 아낄 요량으로 커피는 천 원짜리 편의점 커피를 마시면서 편의점에서 나오는 길에 어김없이 빵집에 들러 커피와 어울리는 쿠키를 사는 식으로 말이다. 먼지도 쌓이면 산이 된다고 하지 않는가. 하루 평균 지갑 여는 횟수가 세 번 이상이라면 낭비가 늘고 있다는 적신호이다.

우선은 '지갑을 여는 횟수'를 의식해 보자. 만약 지갑 여는 횟수가 하루 세 번이 넘는다면 횟수를 줄이려는 노력이 필요하다.

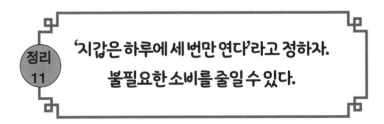

정리 11

'지갑은 하루에 세 번만 연다'라고 정하자.
불필요한 소비를 줄일 수 있다.

돈 정리 기술

12

일주일에 한번,
돈 찾는 습관

당신은 한 달에 몇 번 돈을 찾는가?

한꺼번에 큰 액수를 인출해 지갑에 넣고 다니면 무의
식중에 통이 커져 씀씀이가 헤퍼지기 쉽다. 그렇다고 필
요할 때마다 조금씩 빼 쓰자니 총 얼마 썼는지 모호하고
더구나 수수료를 떼이기도 한다. 따라서 일주일에 한 번,
수수료가 발생하지 않을 때 정해진 금액을 인출하는 습
관을 들이자. 지출을 파악하기 쉬울뿐더러 돈을 빼러 왔
다 갔다 할 필요도 없다.

월요일이나 화요일 등 주 초반에 필요한 만큼 출금하
는 편이 지출 조절에 용이하다.

일주일에 한 번, 월요일에 돈 찾는 습관

일주일에 한 번, 돈 찾는 습관을 들이기 전에 우선 그때그때 형편에 맞춰 돈을 쓰고 있지 않은지 다음 세 가지를 체크해 보자.

● 돈 인출 빈도
● 인출 시 금액
● 인출한 돈을 사용하는 속도

며칠에 한 번 꼴로 은행에서 돈을 찾는가?
한 번 인출할 때 얼마를 찾으며 며칠 동안 쓰는가?
기억을 떠올리며 메모해 보자. 그러면 당신의 돈 쓰는 패턴이 보일 것이다. 물론 상황에 따라 지출에도 높낮이가 생기기 마련이다. 술자리나 송별회가 많이 잡힌 주간은 지출이 늘 테고 일이 바빠 집과 회사만 왔다 갔다 한 주는 지출이 줄 것이다. 이런 특수한 사정도 메모하면서 당신 지갑에서 들고나는 돈의 흐름을 파악해 본다.

이때 일주일에 한 번, 월요일에 정해진 금액을 인출하는 습관을 들이면 지출 흐름이 한눈에 보인다. 흐름이 보이면 불필요한 지출을 어떻게 줄여야 할지 대책 마련도 쉽다.

- 우선, 월요일에 일주일 치 예산(예: 15만 원)을 지갑에 넣는다
- 그 다음 주 월요일에 결산한 뒤 또다시 일주일 예산 (예: 15만원)을 지갑에 넣는다

결국 이 두 행동을 반복하는 것뿐이지만 횟수가 쌓일수록 일주일 지출 패턴이 눈에 들어온다. 이를테면 매주 월요일에 은행 계좌에서 인출한 예산을 지갑에 넣고, 목요일에 '이런, 2만 원밖에 안 남았네!' 하는 생각이 들면 '이번 주는 돈을 너무 많이 썼다. 좀 아껴야지!' 하고 의식적으로 알뜰 모드로 돌입한다. 반대로 '수요일인데 13만 원이나 남았네! 이번 주는 돈을 계획적으로 썼구나.' 하는 식으로 지출 흐름이 바로바로 피부로 느껴진다. 이처럼 되도록 일주일 예산 안에서 돈을 쓰려고 애쓰다 보면 분산된 지출이 정리되고 방만함도 사라진다.

참고로 우리 집은 매주 월요일에 일주일 치 생활비를 준비한다. 한 주의 식비와 생활용품비로 들어가는 예산

은 20만 원인데, 15만 원은 페이카드에 충전하고 5만 원은 인출해 생활비용 지갑에 넣는다. 금액은 예산을 고려해 정하면 된다.

꼭 실천해 보길 바란다.

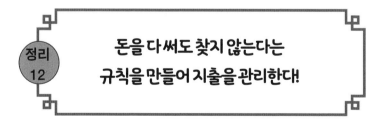

돈 정리 기술

13

돈의 단식,
'0원데이'

나는 가계 재정 상담을 받으러 온 고객에게 '일주일에 한 번, 0원 데이를 만들라'고 권한다.

　매일 바쁘게 살다 보면, '돈은 매일 쓰는 것'이라는 인식이 당연해진다. 밖에서 점심 먹고 돈 쓰고, 귀갓길에 편의점에 들러 뭔가를 사면서 또 돈을 쓴다. 하지만 '돈을 쓰지 않는다=0원'을 의식하며 하루를 보내면 의외로 당연하다고 생각했던 상식이 쉽게 뒤집힌다.

　실제로 상담자들도 처음에는 "온종일 10원도 안 쓴다고요?", "지갑, 스마트 폰을 집에 두고 오지 않는 한 어려울 것 같은데요?"라고 놀라지만, 막상 해 보면 "의외로 어렵지 않네.", "게임 미션에 도전하는 기분도 들고 재미있어요."라는 반응이 많다.

- 점심 값이 들지 않게 도시락을 싼다
- 커피를 사서 마시지 않고 텀블러에 담아 온다
- 불필요한 돈이 나가지 않도록 이동은 정해진 경로 안에서만 하고, 퇴근길에는 아무 것도 사지 않고 곧바로 귀가한다

이런 식으로 평소 행동을 되짚어보며 돈이 나갈 듯한 포인트를 한발 앞서 차단한다. 작은 지혜를 발휘하면 '일주일에 한 번 0원 데이'에 성공할 수 있다. 물론 '0원 데이'에는 현금 결제뿐 아니라 신용카드나 전자화폐 등도 사용하지 말아야 한다. 중요한 것은, 의식적으로 돈을 쓰지 않는 날을 만드는 것이다.

하루를 되돌아보며, "어? 그러고 보니 오늘은 10원도 안 썼네."가 아니라, 자신의 의지와 노력으로 지출을 조절하는 경험을 쌓는 일이 중요하다.

참고로 매달 자동 인출되는 주거비, 보험료, 관리비, 통신비, 매일 필요한 교통비 등은 '0원 데이' 지출에 포함

시키지 않는다. 어디까지나 자신의 의지로 쓰지 않겠다고 선택할 수 있는 돈에 한한다.

돈, 시간이 풍성해지는 0원 데이의 놀라운 효과

'0원 데이'가 자리 잡으면 다음과 같은 효과가 나타난다.

● 계획적인 생활로 바뀐다

'돈 안 쓰는 날'을 미리 정하려면 식재료나 생활용품 등 장보기도 사전에 계획을 세워야 한다. 장보는 횟수가 줄면 헛돈 쓸 기회도 줄어들기 때문에 자연스레 돈이 절약된다.

● 자제력이 길러진다

당연하지만 '0원 데이'에는 소비를 할 수 없다. 편의점이나 가게에 들를 수는 있지만, 지갑은 열지 않는다. 이 딜레마가 자제력 훈련으로 이어져 충동구매를 억제하고 정말 필요한 물건만 사는 힘이 길러진다.

● 시간에 여유가 생긴다

부수 효과인데 '0원 데이'에는 샛길로 빠지지 않고 바로 귀가하게 되므로 돈은 굳고 자유 시간은 늘어난다. 5시쯤 퇴근해 조깅을 한다, 찜해둔 드라마나 영화를 본다, 가족과 여유롭게 대화를 나눈다, 책을 읽는다, 정원을 가꾼다…. 이런 식으로 의미 있는 시간을 보낼 수 있다.

'0원 데이'는 말하자면 '돈의 단식'이다. '0원 데이'를 계기로 돈에 휘둘리지 않는 단단한 일상을 만들어 보면 어떨까?

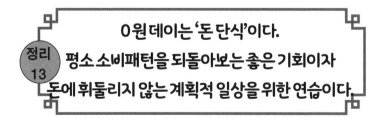

정리 13

0원 데이는 '돈 단식'이다.
평소 소비패턴을 되돌아보는 좋은 기회이자
돈에 휘둘리지 않는 계획적 일상을 위한 연습이다.

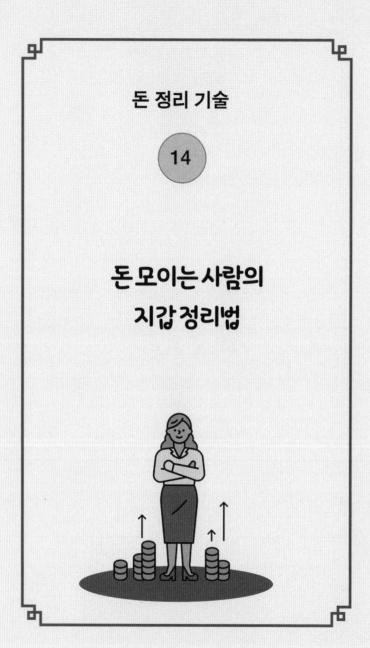

돈 정리 기술

14

돈 모이는 사람의
지갑 정리법

지갑을 새로 마련하고 정리까지 마쳤다고 해도, 정돈된 상태가 계속 유지되느냐는 다른 문제다. 평소 지갑과 돈에 관심을 기울이지 않으면 시간이 지날수록 '작은 돼지 지갑'으로 전락할 가능성도 농후하다. 반면 돈이 모이는 사람은 아래와 같이 습관적으로 지갑을 정리하기 때문에 지갑이 늘 사용하기 편한 상태로 유지된다.

● 하루를 마무리할 즈음에 지갑 정리하는 시간을 갖는다
● 지폐는 금액 순으로 위아래 앞뒤를 맞춰 정리한다. 그러면 지갑에 얼마 들어 있는지가 한눈에 보인다
● 지갑에 다 들어가지 않는 동전은 저금통에 넣는다

- 정리 시간에 영수증을 꺼낸다
- 꺼낸 영수증은 사진으로 찍은 뒤 쓰레기통에 버린다
- 3개월에 한 번 신용카드, 포인트카드의 필요/불필요 여부를 체크한다
- 3개월 동안 한 번도 사용하지 않은 카드는 지갑에서 '퇴장'시킨다

평소 지갑을 정리해 두면 자신이 돈을 어떻게 쓰고 있는지 파악하기 쉽다. 지갑은 '매일 나가는 돈을 관리하는 곳'이기 때문이다. 반대로 지갑 상태가 엉망이면 돈이 줄줄 새서 좀처럼 모이지 않는다. 하루 마무리 시간에 지폐와 동전을 정리하고 영수증을 꺼내면서, 생활하는데 돈이 얼마나 나가고 있는지 확인하도록 한다.

급한 지출 대비용으로 '비상용 지갑'을 준비한다

생활하다보면 갑자기 돈 쓸 일이 생기기 마련이다. 아이가 급하게 학원에 돈을 가져가야 한다거나 카드 결제

가 안 되는 매장에 가야 한다거나 가족이 착불로 주문한 택배가 도착했다거나….

이때 작은 지갑에 넣어 둔 현금만으로는 모자랄 수도 있다. 그래서 나는 고객에게 만일의 사태에 대비해 '비상용지갑'(보조 지갑)을 항상 집에 마련해 두라고 권한다. 우리 집에서는 사용하지 않는 큼지막한 지갑에 가계 예비비(수십만 원)을 넣어 거실 서랍에 보관해두고 있다. 예비비 액수는 각자 가정에서 예상 가능한 돌발 지출 금액에 맞춰 조절한다. 만일에 대비한 비상용 지갑이 있으면 일상적으로 사용하는 작은 지갑에 쓸데없이 큰돈을 넣고 다닐 필요가 없다.

'작은 지갑'과 '비상용 지갑'.

지갑을 관리하는 방법은 혼자 살든 부부든 가족이든 모두 동일하다. 지갑에 역할을 부여하면 자연스레 돈의 흐름이 정돈된다. 당신도 지체하지 말고 당장 오늘부터 지갑 정리를 시작해 보길 바란다.

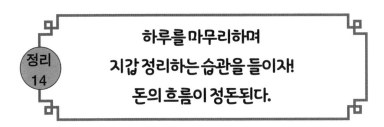

정리
14

하루를 마무리하며
지갑 정리하는 습관을 들이자!
돈의 흐름이 정돈된다.

제 **3** 장

기록하면
돈이 모이는
'저축 노트'

지갑 사이즈를 줄이는 데 성공했다면 다음은 '저축 노
트'이다! 그냥 쓰기만 해도 돈의 흐름이 눈에 확 들어
오기 때문에 낭비는 줄고 돈은 모인다! 비현금 결제 시
대에 딱 맞는 '가계부' 사용법, 지금부터 파헤쳐보자!

돈 정리 기술

15

가계부 절대 못 쓰는
사람을 위한 메모 습관

나는 언젠가부터 지갑에서 돈이 사라지면 불안하다.

'어? 지갑에 분명 10만 원이 있었는데… 어디에 썼더라?'라는 생각이 들기 시작하면 일을 하다가도, 가족과 이야기를 나누다가도, 머릿속에서는 '어디로 사라졌지?' 하고 기억을 더듬느라 정신이 없다. 되도록 이러한 기분을 맛보지 싶지 않아서 나는 돈을 쓴 뒤 바로 '내역'과 '금액'을 메모하는 습관을 10년 넘게 유지하고 있다. 이를테면 이런 식이다.

택시비	30,000원
회식1	50,000원
회식2	100,000원
편의점	10,000원

수첩에 쓰는 간단한 용돈 기입장이라고나 할까?

천 원 단위는 버린다. 정확한 금액보다 지폐가 어디로 사라졌는지 명확히 밝혀 '시각화'하는 일, 이것이 내가 중요하게 생각하는 포인트다.

어디에 썼더라? 생각나지 않으면 찝찝하다

지갑의 돈이 줄어든 것보다, 몇천 원 단위의 계산이 맞지 않는 것보다 더 찝찝한 일은 돈이 어디로 사라졌는지 모르는 상태다. 이런 내 성격에 맞춰 최적화한 '시각화' 도구가 바로 손 메모다. 메모장은 세 권이 한 묶음인 1000원짜리 미니 노트를 사용한다. 돈을 쓸 때마다 노트를 꺼내 재빨리 메모한다. 옆에 있는 사람은 "좀 전까지 취해서 비틀거리더니 갑자기 세상 진지하게 뭘 쓰는 거야?"라고 이상하게 여기지만, 아무리 취해도 이 메모만은 빠뜨리는 법이 없다.

메모를 하면 내가 사용한 돈의 행방이 분명해서 개운하다.

다음날 지갑을 열었을 때 "뭐지? 돈을 어디에 쓴 거

지?"하고 힘들게 기억을 더듬어야 하는 수고에 비하면 주위 사람에게 '이 사람 뭐야?'하고 괴짜취급 당하는 한이 있더라도 그 자리에서 쓰고 "오케이, 끝!"하고 마무리 짓는 편이 훨씬 낫다. 잠자리 전 양치질 같은 습관이랄까?

파이낸셜 플래너라는 직업 이미지와 어울리지 않을지 모르지만, 나는 술자리를 좋아한다. 술자리에 가면 돈을 쓰게 되지만 쓴 돈에 대해서는 어떤 후회도 없다. 단, 어디에 썼는지 모르는 돈은 내 발목을 잡는다. 그래서 메모를 한다. 이것은 내 집착과도 같은 습관이라서 똑같이 하라고 권할 마음은 없다. 하지만 기록을 남겨두면 지출 패턴 파악이 쉬워지는 것은 사실이다. 3장에서는 가계 지출을 한 눈에 보이도록 정리하는 '시각화' 방법에 대해 더 자세히 소개하고자 한다.

정리
15

가계부 쓰기에 매번 실패하는 사람이라면
우선 돈을 쓴 뒤 바로 메모해 보자.
기록해야 보인다, 보여야 모은다.

돈 정리 기술

16

우리집
한달총지출은
얼마?

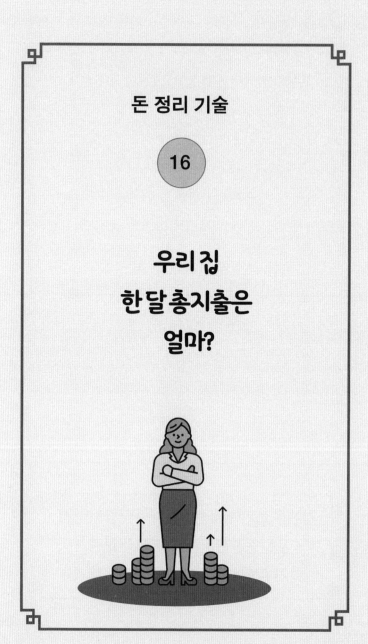

당신은 가계부를 쓰고 있는가?

돈의 들고남을 눈으로 확인하며 규모 있는 살림을 꾸릴 수 있는 가장 좋은 방법은 가계부 적기다. '결국 가계부 쓰란 얘기군…. 시도한 적은 많지만 끝을 본 적은 없는데….' 하고 지겹다는 반응을 보일지도 모른다.

'가계부는 귀찮다'라는 반응, 나도 무조건 이해한다.

솔직히 시중의 일반 가계부는 특별한 인내력을 지난 사람이 아닌 이상 하루도 거르지 않고 적기가 무척 어렵다. 식비, 의복비, 통신비 등등 세부 항목이 너무 많은데다가 10원 단위까지 정확히 기록하라고 압박하는 듯한 깨알 같은 칸칸도 은근 부담스럽다.

그러나 앞에서도 여러 번 강조했듯 결제 수단이 다양화되면서 순간 방심하는 사이 지출이 훅 불어나는 일이 잦다면, 우선 지출 '시각화'를 통해 착한 지출, 나쁜 지출을 구분해 볼 필요가 있다. 이를 위한 가장 좋은 수단이 가계부다. '가계부를 제압하는 자, 돈을 제압한다.'라고 해도 과언이 아닐 정도로 효과가 뛰어나다.

이를테면 재무 상담을 받으러 온 고객에게 "한 달 가계 총 지출이 얼만지 아세요?"라고 물을 때가 있다. 그러면 대부분 "적자는 아닐 걸요? 이정도 되려나?"라며 실수령액의 80~90퍼센트 정도의 금액을 댄다. 최근에 상담을 받은 C 씨는 매달 실수령액이 250만 원인데 "주거비, 생활비 등등 이것저것 다 합하면 200만 원 정도일 거예요. 근데 저축이 좀처럼 늘지 않네요."라고 말했다. 감각적으로는 수입보다 지출이 적은 것 같은데 "그러고 보니 남는 돈이 없네요."라며 고개를 갸웃거렸다. 실제로 C 씨의 1년간 저축액 추이를 살펴보면, 줄지는 않았지만 그렇다고 늘지도 않았다.

도대체 가계에서 무슨 일이 벌어지고 있는 것일까?

1장에서 다룬 '숨겨져 몰랐던 적자'가 문제였다. 본인의 인식과 달리 실제로는 매달 수입을 초과하는 지출이 있었고, 그래서 발생한 적자를 보너스가 메우고 있었다. 그 결과 정신을 차려 보니 과거의 지출을 보전하느라 보너스는 모두 사라지고 저축도 제자리걸음만 하고 있었던 것이다.

일반적인 가계부로는 대응할 수 없다. 우선은 한 항목만 적어 보자

C 씨처럼 숨겨져 몰랐던 적자로 고민하는 가정이 드물지 않다. 적자가 표면 위로 드러나지 않는 가정을 재건할 때 일반적인 가계부는 큰 도움이 안 된다. 왜냐면 관리하는 항목이 너무 많은 탓에 매일 기록하기가 어려워 지속이 힘들기 때문이다. 따라서 가계부 쓰기가 겁나는 사람은 다음 세 단계에 걸쳐 지출을 기록해 흐름을 '시각화'해보자.

단계1. 변동비 중 한 항목만 일주일 동안 기록한다
단계2. 한 달 치 영수증을 보관해 월간 지출을 파

악한다.

단계3. 지출을 '현금 결제', '전자화폐 결제', '신용
카드 결제'로 나눠 기록한다

첫 번째 단계에서는 지갑에서 나가는 변동비 중 한 항목만을 일주일 동안 기록한다. 기록하기로 정한 항목의 지출 내역과 금액을 내가 1000원 숍에서 산 미니노트에 메모하듯이 기입한다.

어느 항목으로 할지 고민이라면 평소 자신이 낭비한다고 느끼고 있는 부분이 좋다. 외식이 많다고 느끼는 사람은 식비, 스마트 폰 게임 머니 구입 등 취미에 사용하는 돈이 늘고 있다고 여기는 사람은 취미오락비, 술자리 횟수가 많다면 교제비로 정하면 된다. 이런 식으로 한 항목에 초점을 맞춰 일주일 동안의 지출을 기록한다.

참고로 '한 항목'만 특별 지목하기 어렵다면 무심코 씀씀이가 커지기 쉬운 '식비'로 시험해 보자. 장을 보거나 외식한 뒤, 영수증을 보고 바로 메모하는 방법이 이상적이지만, 잠자리에 들기 전 생각나는 범위 안에서 적어도 상관없다. 일주일 동안 이 작업을 계속하면 '식비'를 비롯해 '낭비하고 있나?'라고 생각되는 항목의 지출 흐름

이 일목요연해진다.

첫 단계의 목적은 '기록하면 문제가 보인다'를 사실 실감하기이다. 돈을 못 모으는 사람은 "매달 휴대전화 요금이 얼마예요?", "관리비는요?", "왜 월초에 지출이 증가하죠?"라는 질문에 바로 답하지 못한다. 언제, 무엇에, 얼마를 썼는지 파악하고 있지 않기 때문이다. '그럭저럭 유지되고 있으니 됐지 뭐'라고 스스로를 안심시키며 방치하면 문제는 언제까지고 보이지 않는다. 이런 상황을 타파하기 위해 지출 항목 하나를 '시각화'해 보는 것이다.

우선은 손을 움직이자. 방도 청소해 한 곳이 깨끗해지면 다른 곳도 신경이 쓰이듯, 가계 지출도 흐름 하나가 보이면 다른 곳도 알고 싶어지는 법이다. 가능하면, 그 다음 주는 다른 지출 항목을 골라 같은 방법으로 기록해 본다. 첫 번째 단계를 거치는 동안 가계를 파악하는 능력이 싹트기 시작했을 것이다.

가계부 앱도 좋지만 안 맞는 사람도 있다

여기까지 읽고서 '가계부 앱을 사용하면 편하지 않을

까?'라고 생각할지도 모른다. 또 이미 앱을 다운받아 사용하는 사람도 있을 것이다. 스마트 폰용 가계부 앱은 유료도 있고 무료도 있는데, 입출금 내역이 자동 기록되거나 영수증 사진을 찍으면 데이터가 바로 입력되는 등이 기능면에서 점점 편리해지고 있다. 게다가 스마트 폰은 항상 소지하고 다니는 만큼 언제 어디서든 입력할 수 있다는 점도 매력적이다.

그러나 사실 가계부 앱에 탑재된 기능을 빠짐없이 활용하기란, 가계 관리의 상급자가 아닌 이상 매우 어렵다. 기능만 보면 분명 편리하지만, 지출 파악 능력을 단련하고 기초를 다져야 하는 초보자에게 과연 최고의 선택인지는 솔직히 의문이다. 왜냐면 가계부 앱 대부분은 월간 예산과 상세 항목 구분을 전제로 만들어졌다. 즉 '완벽한 가계 기록'을 목표로 설계된 시스템이다. 초보자라도 기록은 할 수 있겠지만 재검토하고 체크하는 일은 녹록하지 않다.

반면 일주일 동안 한 가지 항목의 지출만 기록하는 지출 메모는 간단하고 재검토도 쉽다. 심플하기 때문에 '시각화' 효과도 높다. 가계부를 적다 좌절한 경험이 있는 사람, 가계부에 처음 도전하는 사람일수록 종이 메모부터 시작해 보기를 권한다.

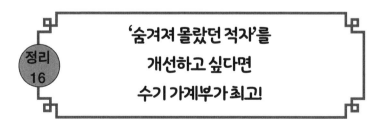

정리
16

'숨겨져 몰랐던 적자'를
개선하고 싶다면
수기 가계부가 최고!

돈 정리 기술

17

'변동비'
파악이 중요하다

두 번째 단계는 '한 달 지출 파악하기'이다. 한 달 동안 지갑에서 나간 돈이 모두 얼마인지 한 눈에 보이게 정리하는 것이 목표다. 지켜야 할 규칙은 다음 네 가지이다.

● 계산하고서 반드시 영수증을 받는다(없을 때는 메모해 둔다)
● 하루 마무리 시간이나 다음 날 아침에 지갑에서 영수증을 꺼내 모아둔다
● 되도록 매일, 힘들면 일주일에 한 번, 요일을 정해 기록한다
● 일주일에 한 번 모아둔 영수증 금액을 더해 지출 총액을 집계한다

이 작업을 4주 동안 계속하면 그 달에 지갑에서 나간 지출(식비, 생활용품비, 교통비 등 주로 변동비)이 분명해 진다. 지금껏 써오던 가계부와 달리 지출을 세세한 항목으로 나눠 기록하지 않고, 영수증 숫자를 기계적으로 더하기만 하면 돼서 간단하다.

편의점	9,720원
인터넷 쇼핑	12,400원
점심	8,500원

주말 밤에라도 계산기 앞에 앉아 탁탁 더해 보자.

고정비는 적지 않는다. 그날그날의 변동비만 기록한다

내 경험상 일반 가계부를 쓸 때 나간 돈을 항목별로 나누는 작업이야말로 가계부 쓰기 좌절의 으뜸 공신이다. 일례로 식비를 외식비와 식재료비로 나눠 기록하다 보면 그야말로 현기증이 날 지경이다. 여기서는 식비, 생활용품비, 교통비 관계없이 영수증에 기록된 합계 금액에만 주목해 지출 금액을 기록하자.

‘회식비를 더치페이해서 30,000원을 냈다’ 등 영수증이 없는 지출에 관해서는 그 자리에서 메모로 남겨둔다. 일주일에 한 번 소계를 내고 이 소계를 모두 더하면 한 달 지출 총액이 보인다. 단, 지출 총액을 집계할 때 정기적으로 계좌에서 빠져나가는 주거비나 관리비, 통신비(휴대전화, 인터넷 등), 보험료, 교육비와 같은 가계 고정비는 포함시키지 않는다.

총지출 집계 결과, 한 달 동안 지갑에서 나간 돈이 만약 수입의 70~80퍼센트를 차지한다면 씀씀이가 헤프다는 증거다. 고정비까지 나가고 나면 적자가 날 게 뻔하다. 현금 거지로 전락하는 가장 큰 원인이 바로 변동비이다. 꼭 체크해 보기 바란다.

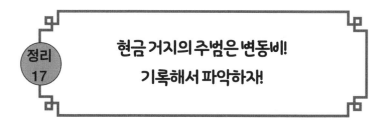

정리
17

현금 거지의 주범은 변동비!
기록해서 파악하자!

돈 정리 기술

18

기록해야 모인다.
지출 흐름이 보이는
저축 노트

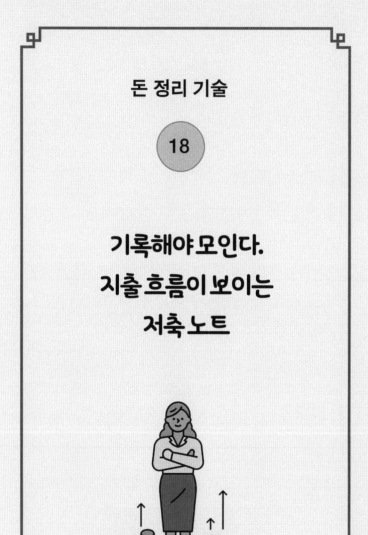

'현금 결제', '전자화폐 결제', '신용카드 결제'로 나눠 적어야 효과적이다.

두 번째 단계까지 성공했다면 지출을 '기록'하는 일에 꽤 익숙해졌을 것이다. 마지막 단계에서는 매일 발생하는 지출을 지불 방법에 따라 '현금 결제', '전자화폐 결제', '신용카드 결제', 세 가지로 나눠 정리한다.

목표는 결제 수단 다양화로 늘어난 깜깜이 지출의 '시각화'이다.

최근 몇 년 사이 갑자기 현금이 아닌 다른 결제 수단이 증가하면서 지출이 여러 갈래로 '분산'된 사람이 늘고 있는 듯하다. 재무 상담을 해 보면 피부로 느껴진다. D 씨는 30대 독신 회사원인데 삼성페이나 카카오페이 등 모바일 간편결제 서비스가 제공하는 캐시백 이벤트나 포인트 증액 이벤트 등을 적극 활용 중이었다. 특히 한 페이카드가 런칭 기념으로 대규모 전액 캐시백 이벤트를 펼쳤을 때에는 유명 브랜드 청소기와 홈 베이커리 등을 대거 장만하느라 캐시백 상한 금액인 250만 원 가까이 구입했다고 한다. 안타깝게도 전액 캐시백 적용은 받지 못했지만, 만족스러울 만큼의 포인트를 받은 D 씨는 그 후에도 적극적으로 페이카드를 사용하게 됐다.

그러나 보너스가 나온 직후 은행 계좌에서 돈을 인출하려는 순간 통장 잔고가 생각 이상으로 비어 있다는 사실을 알고 화들짝 놀랐다. D 씨는 막 들어온 보너스와 매달 월급 잔액을 합하면 '이 정도는 있겠지?'라고 예상했는데, 예상 금액보다 500만 원 가까이 잔고가 적었던 것이다. 당황해 원인을 따져 본 결과, 페이카드 등으로 결제한 지출이 통장 잔고를 갉아먹고 있었던 것이다.

비현금 결제, 당신은 무슨 파?

스마트 폰이나 카드를 계산대 단말기에 대기만 하면 결제가 끝나는 비현금 결제. 현재 비현금 결제 방식은 크게 세 가지로 나눌 수 있다.

- 프리페이드 방식(선불 결제)
- 포스트페이 방식(후불 결제)
- 직불 방식(즉시 결제)

세 가지 방식의 차이는 간단히 말해 언제 결제가 이루어지느냐이다. 결제별 특징을 알면 더 많은 혜택을 누리며 이용할 수 있다. 각각의 특징을 자세히 살펴보자.

- 프리페이드 방식(선불 결제)

소위 '충전해서 사용하는' 방식이다. 이용금액의 상한을 정할 수 있어 지출 관리가 용이하다. 네이버페이, 카카오페이가 유명하다. 티머니 선불 충전식 교통카드나 쿠팡의 쿠페이도 프리페이드 방식이다.

● 포스트페이 방식(후불 결제)

신용카드가 대표적이다. 신용카드 결제는 쇼핑 등에서 사용한 금액을 한두 달 늦게 지불하는 '후불 결제'이다. 삼성페이나 토스, 페이코 등의 간편결제 앱에 신용카드를 연동시켜 포스트페이 방식으로 사용할 수 있으며, 네이버페이와 카카오페이도 신용카드를 등록해 마찬가지 방법으로 사용하기도 한다. 또 '전자화폐'의 '신용카드 자동충전' 기능도 후불이다. 전자화폐의 카드 잔고가 적어지면 신용카드에서 카드로 자동 충전되는 구조다. 과소비로 이어지지 않도록 주의하며 사용해야 한다.

● 직불 방식(즉시 결제)

은행 계좌에서 '즉시 인출'해 지불하는 방식이다. 은행에서 발급하는 직불카드가 대표적이다. 카카오페이 체크카드, 토스머니카드도 여기에 속한다.

세 가지 모두 지불 방법은 편리하다. 현금 없이도 전철이나 택시를 탈 수 있고 쇼핑이나 레스토랑에서 식사도 가능하다. 단 카카오페이 하나만 해도 직·선불형, 또는 후불형으로 쓸 수 있는 것처럼, 지불 방식이 실로 다양해지면서 지출 관리도 복잡해지는 추세다. 때문에 편리함만 추구하다가는 '결국 얼마 썼는지 모르는 상태'가 되고 만다. 자신만의 사용 가이드라인을 세워두는 일이 무엇보다 중요하다. 물론 비현금 결제 자체를 부정하려는 것은 아니다. 나 자신도 페이카드를 사용 중이고 주위 사람들에게 추천하기도 한다. 어떻게 사용하고 어떻게 다룰지가 중요하다.

지금까지 없었던 새로운 지불 방식이 늘어나고 결제 방법도 다양해지면서, 지갑에서 현금이 나가지 않으니 돈을 썼다는 감각도 느슨해질 수밖에 없다. 이럴 때는 매일매일 발생하는 지출을 앞서 언급한 세 가지 지불 형태별로 나눠 기록하는 방법이 효과적이다. 이를 위해 독자적인 '가계부'를 준비했다. 다음 페이지에 기록법을 설명했다.

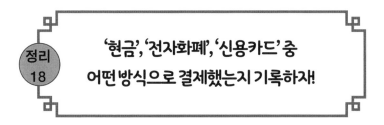

정리 18

'현금', '전자화폐', '신용카드' 중
어떤 방식으로 결제했는지 기록하자!

돈 정리 기술

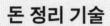

19

도전!
기록만 해도 돈이 모이는
저축 노트 한 달 쓰기

앞서 언급했듯이 오늘날 우리에게는 돈을 지불하는 몇 가지 선택지가 있다.

현금으로 지불할 것인가, 신용카드로 지불할 것인가, 또는 모바일 간편결제로 할 것인가. 특정 한 가지만 사용하는 사람보다 '현금 결제', '간편결제', '신용카드 결제' 세 가지를 병행하는 사람이 많다.

그 결과 현금을 얼마 썼는지, 이번 달 신용카드 청구액은 얼마인지 파악이 잘 안 되는 상황이 되고 말았다. 게다가 '우선 결제했으니 됐지 뭐'라고 문제를 덮어두기 일쑤여서 숨겨진 적자 탓에 매달 가계가 슬금슬금 마이너스의 늪으로 빠져들고 있는데도 눈치 채지 못하는 가정이 많다. 따라서 결제 수단별로 매달 얼마를 쓰고 있는지 파악한 뒤 이를 토대로 개선점을 찾아야 한다.

소비를 한 뒤 '현금', '전자화폐', '신용카드' 중 어떤 수단으로 결제했는지 기입하는 가계부를 준비했다.

무엇으로 결제했는지 대충 적어 둔다

적는 법은 간단하다. 하루를 마무리하는 시간에 그 날 쓴 돈을 '현금 결제', '전자화폐 결제', '신용카드 결제'로 나눠 기입한다. 정확히 기억나는 금액은 정확하게, 잘 기억나지 않는 금액은 대략적인 금액을 기입한다. 10원 단위까지 정확하게 기입하는 꼼꼼함보다 일주일, 한 달 이런 식으로 매일매일 빠짐없이 기록하는 꾸준함이 중요하다.

회계사무소나 은행도 아닌데 10원 단위까지 숫자를 기억해 내려고 노력하지 않아도 된다. 목적은 정확한 숫자가 아니다. 꼼꼼한 기록보다 현재 상황이 파악될 때까지 계속하는 꾸준함이 중요하다.

참고로 나는 작은 노트에 '편의점, 9000원'이라고 적을 때 '신용카드'나 '전자화폐'로 결제했으면 용도와 금액은 괄호 안에 묶고 옆에 동그라미를 그려 안에 신카, 전자라고 써서 구분한다.

기록 방법에 대해서는 다음 페이지에 실린 도표와 설명을 확인하기 바란다. 기록을 하면 자신의 지출 성향이 분명해질 뿐 아니라 어디서 돈이 새고 있는지 보인다. 돈 새는 틈을 막으면 돈이 모이기 시작한다. 즉 실행하기만 한다면 기록만 해도 돈이 모이는 노트를 경험 할 수 있다.

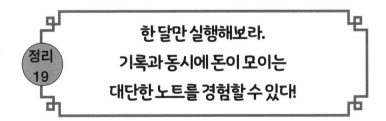

정리 19

한 달만 실행해보라.
기록과 동시에 돈이 모이는
대단한 노트를 경험할 수 있다!

변동비를 적어보자!

(○월 1주차)

	/ (월)	/ (화)	/ (수)	/ (목)	
현금 결제	음료 1,400원 서점 15,000원 회식 35,000원	음료 2,500원			
전자화폐 결제	편의점 12,000원 생활용품 18,000원	편의점 9,500원 옷 45,000원			
신용카드 결제	온라인쇼핑 25,000원 택시 16,000원 영화관람 18,000원 온라인쇼핑 11,000원	온라인쇼핑 11,000원			

기입 방법

❶ 무엇으로 지불했는지 기억한다!
자, 목표는 위 표를 모두 메우는 것! 우선은 물건을 사고 값을 지불할 때 현금으로 냈는지, 신용카드로 지불했는지, 선불카드 등에 충전해서 냈는지를 잘 기억하도록 한다.

❷ 지불 즉시 또는 자기 전에 기록한다!
돈을 지불했으면 되도록 그 자리에서 결제 방법과 금액을 메모한다. 아니면 영수증을 모아 뒀다 자기 전에 표에 기입한다. 지속 가능한 방법이 좋다.

우선 오늘 하루, 무엇에 얼마를 어떤 결제 수단으로 지불했는지 적는다. 당신의 소비 패턴이 보일 것이다. 과소비의 원인도 떠오를 것이다.

	/ (금)	/ (토)	/ (일)	총 합계

> ❸ 우선 일주일 동안 해보자!
> 처음에는 깜빡 잊고 기입하지 못하는 날도 있을 테지만 신경 쓰지 말고 할 수 있는 날만이라도 좋으니 꾸준히 써 나가자. 일주일 기입에 성공했다면 다음 목표는 한 달이다.

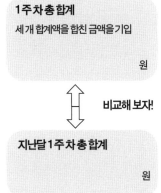

1주 차 총 합계
세 개 합계액을 합친 금액을 기입

원

비교해 보자!

지난달 1주 차 총 합계

원

한 달을 되돌아보자!

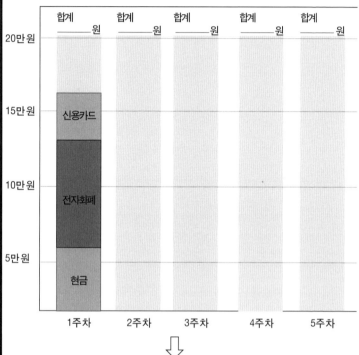

현금·전자화폐·신용카드의 주별 사용액만큼 색칠하자!

| 합계 원 | 합계 원 | 합계 원 | 합계 원 | 합계 원 |

20만 원

15만 원 — 신용카드

10만 원 — 전자화폐

5만 원 — 현금

1주차 2주차 3주차 4주차 5주차

한 달 총합계

원

※왼쪽에 한 달 합계 총액을 기입한다. '흑자 가계'는 평균적으로 월수입에서 변동비가 차지하는 비율이 35퍼센트, 고정비가 45퍼센트 정도다. 나머지 20퍼센트를 저축으로 돌리는 식이다. 이 비율을 의식하며 지출을 조절해 보자!

먼저 왼쪽 아래 그래프에 일주일 동안 사용한 금액을 지불 방법별로 기입해 본다. 오른쪽 페이지에는 소비 흐름을 보고 깨달은 점, 노력한 점을 기입한다. 이를 바탕으로 다음 달의 목표 저축액을 설정하고 반드시 달성하도록 노력해 보자!

◎ 자신의 소비 패턴에 대해 깨달은 점
예) 요즘 신용카드로 지불하는 횟수가 늘었다. 편리해서 그런지 무의식 중에 사용하게 된다.

◎ 절약을 위해 노력한 점
예) 신용카드를 가지고 다니지 않는 날을 만들었다. 자동충전을 해지했다.

◎ 다음 달 저축 목표액
예) 한 달 지출을 50만 원으로 줄이고 50만 원은 저축한다.

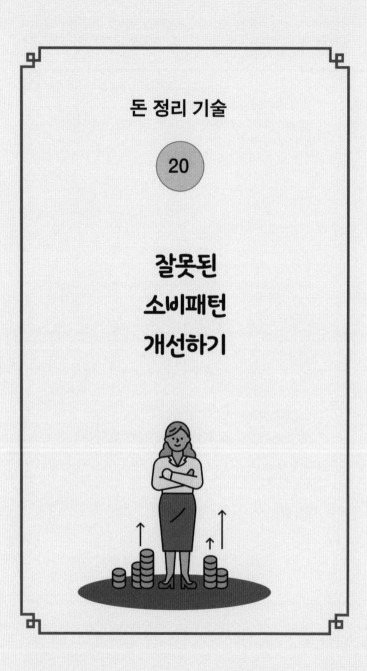

돈 정리 기술

20

잘못된
소비패턴
개선하기

앞 페이지에서 소개한 지불 방법별 가계부(저축 노트)를 꼭 써보길 바란다. 반복되는 내용이지만, 먼저 일주일 동안의 '현금', '전자화폐', '신용카드'별 결제 금액을 각각의 칸에 기입한다. 단, 지출 총액에는 은행 계좌나 신용카드에서 자동이체·결제되는 주거비, 관리비, 통신비, 보험료, 교육비 등의 가계 고정비는 포함되지 않는다.

일주일 지출 기록이 끝나면, 2주 차, 3주 차, 4주 차, 5주 차를 차례차례 적는다. 그리고 막대그래프에 '현금', '전자화폐', '신용카드'의 결제 비율을 기입하고 세 가지 색으로 나눠 칠한다. 여전히 현금 결제 비율이 큰 사람도 있을 테고, 신용카드 사용이 의외로 많아서 지출이 원래 예상액을 뛰어 넘는다는 사람도 있을 것이다. 사람마다 감상은 다를 테지만, 여러분의 현재 '소비' 경향을 명확히 파악하는 좋은 자료다.

현상 파악이 끝났다면 막대그래프 오른편의 코멘트 란에 '절약을 위해 노력한 점', '비현금 결제를 사용하며 느낀 점' 등 그달 소비를 둘러싼 이런저런 생각을 적어 본다. 마지막 코멘트란에는 다음 주 또는 다음 달에 적용할 개선점이나 달성 목표치를 기입한다.

- 다음 달은 일주일 지출을 ○○○○원으로 줄인다.
- 신용카드나 전자화폐 사용이 너무 잦다. 현금만 쓰는 '현금 주간'을 만들어야겠다.
- 편의점에 가는 횟수가 많다. 가지 않는 날을 정하자.

목표가 없으면 삶이 느슨해지기 십상이다. 목표를 세워 달성을 위해 노력하는 편이 훨씬 미래지향적이다.

월급날 직후 현금 사용이 많다?
월급날이 다가올수록 전자화폐로 결제?

한 달 치 막대그래프가 완성됐다면 주별로 소비 패턴에 변동이 있는지 체크한다.

가계 상담을 해 보면 가계부 쓰기에 도전한 첫 주는 모두가 절약해야겠다고 바짝 긴장한 덕분에 지출이 감소한다. 그러나 3, 4주 차가 될수록 긴장이 풀어지면서 월 막바지에 막대그래프가 쑥 솟구치곤 한다. 다이어트의 요요현상과 마찬가지로 과도한 절약에는 반드시 부작용이 따르기 마련이다. 또는 2, 3주 차에 돈을 맘껏 쓴 뒤 결산을 맞출 요량으로 4주 차에 허리띠를 졸라매는 사람도 있다. 수중 현금이 줄어든 탓에 막바지로 갈수록 신용카드 결제가 늘어나는 사람도 있을 터다.

어느 쪽이든 막대그래프에는 당신의 소비 패턴과 선호 결제 수단이 명확히 드러난다. 만약, 지출이 눈에 띄게 많은 주간이 있다면 다음 달에는 그 주간에 지갑의 끈이 느슨해지지 않도록 대책을 세운다. 구체적으로는 지갑을 여는 횟수나 신용카드, 페이카드로 결제하는 횟수를 하루 세 번 이하로 절제하는 등 철저한 대책을 세워야 한다. 앞에서 언급한 '0원 데이'를 하루 더 늘리는 등의 방법도 효과적이다.

두 번째 달로 접어들면, 그 주의 전 달 지출액과 비교해 보는 것도 좋다. 두 번째 달은 첫 번째 달보다 '지출 패턴'을 의식하며 생활했을 테니 지출이 분명 줄었을 것이다. 반대로, 특별한 지출이 없는데도 사용 금액이 늘거나 거의 비슷하다면 지출 민감도를 더 높여야 한다. 이것이 가능하려면 한두 달 해보고 그만두지 말고 반년, 1년 동안 꾸준히 해야 효과적이다. 계속하다보면 당신의 돈 사용 패턴이 파악되면서 개선점이 분명해진다.

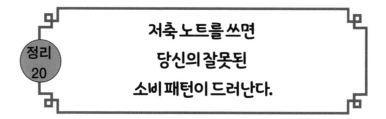

정리
20

저축 노트를 쓰면
당신의 잘못된
소비 패턴이 드러난다.

돈 정리 기술

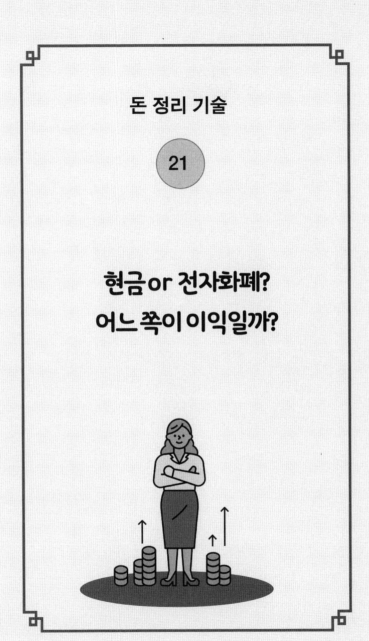

21

현금or 전자화폐?
어느 쪽이 이익일까?

가계부를 쓰면서 당신이 어떤 결제 방식을 선호하는지 파악이 됐는가?

　이번에는 '현금', '전자화폐', '신용카드' 중 어떤 결제 방식이 더 이익인가를 비교해 보려고 한다. 현금 결제는 돈의 흐름이 한눈에 보인다는 장점이 있지만, 신용카드나 전자화폐로 결제하면 받게 되는 포인트 환원이나 캐시백 등의 혜택은 없다. 그런 의미에서 주로 현금으로 결제하는 사람은 조금 손해라고 할 수 있다.

　예전에 출간한 책에서도 직불카드를 소개한 적이 있고 실제로도 애용하고 있어서인지 나를 신용카드 부정

파 또는 현금파로 보는 사람이 많다. 하지만 결코 그렇지 않다. 요즘은 인터넷쇼핑이 대세인데 신용카드가 없으면 여간 불편한 것이 아니다. 또 '이익'이라는 관점에서도 같은 금액을 지불하고 포인트가 붙는 신용카드에 비해 현금 결제는 아무런 장점이 없는 것 같기도 하다.

신용카드 결제의 최대 장점은 포인트 적립이다.

쌓인 포인트는 상품이나 경품과 교환할 수 있고, 포인트로 물건을 구입할 수도 있다. 따라서 '신용카드나 현금이나 가격이 똑같다'라면 신용카드를 사용하는 편이 '이익'이다. 특히 카드회사의 캐시백 이벤트 기간 등에 신용카드를 유효하게 활용하면 가정 경제에 도움이 된다. 또 해외여행을 준비할 때 소지한 신용카드 중 여행자보험 가입 혜택이 있는 카드로 교통비나 숙박비를 결제하면 좋다. 요즘 신용카드 중에는 여행자보험이 달려 있거나 여행자보험 가입 시 할인 혜택을 주는 카드가 많은데, 대개 이 혜택을 받으려면 여행 경비를 해당 신용카드로 결제해야 한다는 조건을 충족해야 하기 때문이다. 이 조건을 모르고 현금으로 여행비를 결제했다가는 다시 여행자보험에 가입해야 하는 수고와 비용을 감수해야 한다.

고정비는 신용카드 결제가 이익이다

다음 장에서 자세히 설명할 '고정비'도 신용카드로 내면 혜택이 많다. 관리비나 보험료가 대표적인데, 정해진 금액을 정기적으로 지불할 때는 포인트 적립이 되는 신용카드 결제가 '이익'이다. 최근에는 월세도 신용카드로 낼 수 있으므로 카드회사 등에 문의해 보도록 하자. 더불어 신용카드에 따라 다르지만 전기, 가스 요금 등을 할인받을 수도 있다. 또 의외로 모르는 사람이 많은데, 재산세나 자동차세 등의 세금도 신용카드로 납부할 수 있다. 캐시백이나 포인트 적립을 받을 수도 있고, 전원 실적에 포함되는 경우도 있으므로 이용해 보면 좋다.

한편 신용카드를 사용할 때는 절대로 리볼빙 결제를 하지 않도록 주의한다. 보통 신용카드 결제는 사용한 금액이 다음 달, 아니면 다다음 달에 일괄적으로 인출되는 시스템이다. 그러나 리볼빙 결제를 선택하면 카드 대금을 분할해 매달 일정액이 인출된다. 매달 결제액이 고정돼 지불 리듬을 알기 쉽고 부담이 감소한다는 장점이 있지만, 사실 리볼빙 결제는 이자율이 매우 높다.

예를 들어 쇼핑 대금 천만 원을 리볼빙 결제로 돌리면

이자율이 15퍼센트, 단순 계산으로 연간 150만 원 정도다. 리볼빙 결제액을 매달 20만 원으로 설정해 뒀다면 20만 원 중 125,000원이 이자 상환으로 쓰이고 원금은 고작 75,000원밖에 갚지 못하는 꼴이 된다. 즉, 리볼빙은 갚아도 갚아도 좀처럼 원금은 줄지 않고 신용카드 회사만 이자로 돈을 벌게 되는 구조다.

'포인트 적립률 2퍼센트'와 같은 현혹 문구가 적힌 '리볼빙 전용 카드'는 각별한 주의가 필요하다. 일반 신용카드 포인트 적립률보다 두 배나 많은 2퍼센트를 포인트로 준다고 인심 쓰듯 광고하지만, 사실 이자가 비싸기 때문에 카드사 입장에서는 충분히 남는 장사다. 높은 포인트 적립률을 대대적으로 내세우며 누군가 눈앞의 이익에 혹해 걸려들기를 기다리고 있는 것이다. 리볼빙 결제 이용자 대부분은 돈이 모이지 않는 악순환에 빠진 셈이다. 혹시라도 지금 리볼빙 결제를 사용 중이라면 당장 일괄 상환으로 바꿔야 한다.

간편결제는 편리하지만 신용카드와의 연동은 주의

결제할 때 '간편결제 서비스'를 이용하면 '잔돈이 남지 않아 지갑이 여유롭다', '가볍고 빠르게 쇼핑할 수 있다', '포인트가 붙고, 쌓인 포인트는 전자화폐로 돌릴 수 있다'는 이점이 있다. 그러나 포인트가 탐나 필요하지도 않은 물건을 덜컥 사는 일은 조심해야 한다. 또 여러 간편결제 서비스를 동시 사용하다가 지출이 분산돼 얼마 썼는지 파악하지 못하는 사태가 벌어지지 않도록 주의해야 한다. 이를 위해서라도 '간편결제 서비스'는 하나 혹은 두 개로 줄이고 연동 신용카드도 한 장이나 두 장으로 한정한다.

가계 재정 관리는 현금 결제가 됐든 신용카드, 간편결제가 됐든 기본 원리는 같다. 앞으로 더더욱 비현금 결제가 확산될 것이다. 그러니 빨리 익숙해져야 한다. 지금부터 조금씩 자신에게 맞는 방법을 찾아보도록 하자.

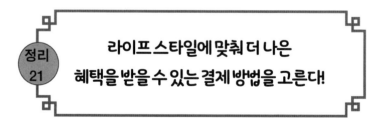

정리 21

라이프 스타일에 맞춰 더 나은 혜택을 받을 수 있는 결제 방법을 고른다!

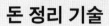

돈 정리 기술

22

고정비, 더 줄일 수 있다!
고정비와 변동비의 황금비율은?

돈이 모이는 가계는 '고정비'에 신경을 많이 쓴다. 여기서 말하는 고정비란, 매달 나가는 금액이 일정한 지출을 말한다. 주거비, 보험료, 통신비, 교육비, 용돈, 반려동물 돌봄비, 자동차 할부금, 매달 청구되는 정기구독료, 정기 구입하는 콘택트렌즈 등이 해당된다. 필요에 의해 매달 나가는 지출을 재검토하면 큰 절약 효과를 볼 수 있다. 게다가 매달 변하는 변동비와 달리 한 번 정리하면 절약 상태가 자연스레 유지되므로 가계 상담 시 반드시 살펴보라고 권한다.

　고정비 정리를 위해서는 먼저 '매달 일정하게 나가는 지출'을 '시각화' 해야 한다. 당신 가계에서 고정비 항목으로 나가는 돈을 적고 체크해 보자. 각 항목과 금액을 쪽 나열했으면 다음은 시뮬레이션이다. 전혀 어렵지 않다. 다음처럼 스스로에게 물어본다.

- '우리 집은 보험료가 많이 나가는데 재설계하면 비용이 줄까?'
- '통신비 절약에는 알뜰폰이 좋다던데, 바꿀까?'
- '차를 팔고 카쉐어를 이용해 보면 어떨까?'

각각의 질문에 대해 지금 이대로가 좋다고 자신 있게 말할 수 있으면 그 고정비는 그대로 유지한다. 반대로 조금이라도 '바꿀 여지가 있다'라는 생각이 든다면 행동 개시다. 계약 플랜을 재검토하거나 해약하거나 지출을 줄이는 방향으로 움직인다. 이어서 고정비 재검토 방법을 소개하겠다.

보험료, 통신비, 수도광열비 절약법

'보험' 보장 내용이 적절한가?

당신은 자신이 가입한 보험의 보장 내용을 제대로 이

해하고 있는가?

보험은 때때로 '나쁜 고정 지출'이 된다. 실제로 가계 상담을 해 보면 보험료가 차지하는 비율이 너무 높은 가정이 많다. 개중에는 매달 100만 원이 넘는 금액을 부담하고 있는 가정도 있다. 모든 보험이 다 쓸모없는 것은 아니지만, 같은 내용의 보장이 중복되거나 보장이 약한 저축성 보험에 가입했다면 재검토 소지가 다분하다. 반대로 지금 연령에 꼭 필요한 보장이 빠져 있을 수도 있다. 연령이나 가족 구성 변화에 맞춰 보험을 재설계하면 고정비가 경감돼 가정 경제에 여유가 생긴다. 동시에 보장 내용도 충실해져 생활이 안정된다.

알뜰폰으로 통신비 삭감

가계 상담 시 고정비 삭감 차원에서 자주 알뜰폰을 추천한다.

통화 품질이 나쁠 것이라는 인식과는 달리 알뜰폰 통화 품질은 일반 휴대전화와 다를 바 없을 뿐더러, 요즘은 알찬 요금제가 많이 생겨 선택지가 다양해졌다. 여기저기서 알뜰폰 광고가 자주 눈에 띄니 알뜰폰이 크게 확산된 듯하지만, 강연을 들으러 온 100명 정도의 청중에게 "알뜰폰으로 바꾸신 분!"이라고 물어보면 5, 6명 정도만 손을 든다. 알뜰폰을 사용 중인 사람은 의외로 적다. 그러나 알뜰폰은 대형 통신사 휴대전화에 비해 훨씬 싸기 때문에 교체하기만 하면 고정비를 대폭 삭감할 수 있다. 알뜰폰도 요금제가 다양하므로, 평소 데이터 사용량과 통화량 등을 고려해 자신의 생활패턴에 맞는 요금제를 고른다.

우리 집은 8인 가족인데 모두 알뜰폰을 사용한다. 한 달 사용료는 10만 원 정도다. 참고로 우리 가족 요금제는, 나와 아내가 각각 27,500원(데이터 10G, 통화 100분), 큰딸·작은딸이 각각 10,890원(데이터 1.2G, 통화 30분), 초등학생 아들·딸이 각각 6,600원(데이터 300MB, 통화 60분), 셋째·넷째 딸이 각각 7,700원(데이터 1G, 통화 200분)이다. 어른은 통화보다는 데이터 사용량이 많고, 특히 카카오톡 등으로 연락하는 일이 많기 때문에 데이터양에 중점을 뒀고, 아직 어린 아이들은 가족과의 연락을 위해 통화할 기회가 많으므로 통화 중심으로 요금제를 계약했다.

자차 대신 카쉐어

카쉐어는 차량 공유 회사에 회원 등록을 하면 간단히

이용할 수 있는 서비스이다.

차를 쓰고 싶은 날짜와 시간을 웹으로 예약한 뒤 근처 주차장에 세워져 있는 차를 픽업한다. 시간 당 요금은 회사와 지역, 차종에 따라 다르지만 국내 유명 카쉐어 업체의 경우 10분 당 1,300원 정도에 이용할 수 있는 차량도 있어 부담이 없다.

보험 가입이나 주유비가 필요 없고 정비 등도 카쉐어 회사가 알아서 해결한다. 계약하는 회사에 따라 입회비나 월회비가 부과되기도 하지만 이 또한 차를 보유할 때보다 비용면에서 저렴하다. 사용한 만큼의 요금만 지불하면 되기 때문에 가계 부담이 적다. 단 대기 차량이 없으면 사용할 수 없다는 단점이 있다. 매년 보유 차량 대수가 늘고 있지만 연휴나 여름휴가, 연말 쇼핑 시즌 등 이용자가 몰리는 시기에는 예약이 힘들 수도 있다. 그럼에도 불구하고 자차 대신 카쉐어를 선택하면 고정비에서 '자동차 유지 및 관련 항목'의 지출 비중이 대폭 감소된다. 자동차 할부금, 주유비, 자동차보험료, 차량 수리 및 정비 비용, 그리고 자차로 출퇴근할 때 발생하는 주차비 등을 절약할 수 있다.

광열비 할인 카드를 이용하다

우리가 잘 아는 전기, 가스, 수도 요금 절약법에는 콘센트 뽑기나 절수 샤워헤드로 교체하기 등이 있다. 그런데 알아보면 신용카드 중에 관리비나 광열비를 자동결제 할 경우 할인해 주는 카드가 있다. 또 종이 청구서 대신 이메일 청구서로 바꾸면 할인되기도 한다. 큰 금액은 아니지만 매달 몇 천원 단위로 절약할 수 있다.

고정비는 월수입의 40~50퍼센트가 적당하다

변동비 절약법에 대해서도 잠깐 이야기해 보자.

변동비는 3장에서 소개한 세 단계를 밟아 명백히 낭비로 드러난 부분은 줄이도록 노력한다.

예컨대 의복비 등과 같이 월간 지출 빈도가 낮은 변동비는 '사고 싶어도 2, 3일 더 생각해 본다'는 식으로 규칙을 정해둔다. 시간 간격을 두면 냉정하게 판단할 수 있어 현명한 소비로 이어진다.

반대로 식비나 생활용품비 등 매일 나가는 돈은 2장에서 언급했듯이 일주일 치 예산을 작성해 관리하는 방법이 좋다. 정해진 요일에 일주일 치 예산을 지갑에 넣고 생활한 뒤 그 다음 주 같은 요일에 지갑을 초기화해 다시 일 주일 치 예산을 넣는다. 일주일이 다 지나기도 전에 예산이 바닥날 수도 있다. 이때는 어쩔 수 없이 다음 주 예산에서 빌려오고 다음 주가 되면 예산에서 가불한 금액을 뺀 금액으로 살림을 꾸린다. 이렇게 하면 일주일 동안의 돈 사용 흐름이 한 눈에 들어오면서 불필요한 지출이 바로 드러나기 때문에 브레이크 걸기가 쉽다.

고정비, 변동비는 어느 가계든 존재하는데, 매달 수입에 대한 이상적인 비율이 있다.

가계 상담을 받으러 온 고객 중, 돈이 모이는 가계의 수입 대비 고정비 비율을 데이터로 뽑아 분석해봤더니, 90퍼센트가 넘는 가정의 고정비가 월수입의 40~50퍼센트였다. 변동비는 돈이 모이는 가계의 80퍼센트 이상이 월수입의 30~40퍼센트였다. 즉 고정비와 변동비를 합하면 월수입 중 70~90퍼센트가 지출이고 저축은 10~30퍼센트 정도다. 바꿔 말해 수입 중 10퍼센트 이상을 저축하는 가계는 우수하다고 말할 수 있다.

정리해 보면 흑자이면서 저축도 하는 가계의 경우 '고정비: 변동비: 저축=45: 35: 20'이다. 반대로 적자 가계의 평균 고정비 비율은 65퍼센트, 변동비는 45퍼센트였는데 지출이 100퍼센트를 넘기 때문에 저축이 불가능하다. 고정비, 변동비 중 어느 한쪽으로 치우치는 경향이 심한데 특히 고정비 비율이 높다.

고정비, 변동비 비율을 어떻게 조정할지는 가정마다 다르다. 그러나 돈이 모이는 가계를 만들고 싶다면 앞에서 언급한 비율을 참고해 변동비, 고정비 지출 상황을 정리한 뒤 개선을 위해 노력해 보자.

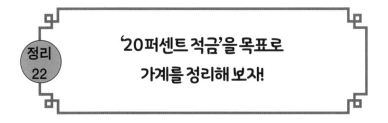

정리
22

'20퍼센트 적금'을 목표로
가계를 정리해 보자!

'돈 모이는 살림' 칼럼2

소비 패턴을 파악했더니 매달 130만 원 삭감에 성공!
지출 전체를 '시각화'했더니 흑자 살림으로 변신!

'이제 곧 초등학교를 졸업하는 아이의 교육비와 노후 자금을 마련해야지!'

이런 마음에 가계 상담을 받으러 온 40대 K 씨. 두 살 아래인 남편은 IT계 기업의 회사원으로 월수입은 300만 원. K 씨가 아르바이트로 버는 돈을 합하면 세대 수입은 380만 원이다. 그러나 매달 수입과 지출이 거의 일치하는 상태였다. 남편의 보너스 덕분에 연간 수지는 흑자지만 대출을 받아 집을 산지 얼마 되지 않은 탓에 저축은 천만 원 정도였다. 앞으로 닥칠 아이의 고등학교, 대학교 입시 준비를 위해서라도 저축을 늘려야 하는데…, 라는 걱정이 점점 깊어지고 있었다.

그러던 참에 미니멀 라이프를 접하면서 공감되는 부분이 많았다. 심플한 생활을 목표로 절약, 저축을 해야겠다고 다짐하며 여러모로 노력해 봤지만 과연 성과가 있는 것인지, 돈 모이는 체질로 변화한 것인지가 피부로 느껴지지 않아 가계 상담을 받으러 왔다고 했다. K 씨와 가계 상황에 대해 이야기하면서 가계부를 쓴 적이 없다는 사실을 알게 됐다. 가계부를 써야 가계의 전체적인 돈 흐름이 보일 텐데, 돈이 어떻게 나가는지도 모르는 상태에서 '식비를 줄여야지!, 광열비를 아껴야 돼!'라며 닥치는 대로 절약만 하고 있었던 것이다.

지출을 줄이겠다는 생각이 잘못되지는 않았다. 하지만 우선은 자신이 어디에 돈을 쓰고 있고, 왜 저축을 못 하고 있는지 정확히 알 필요가 있다. 나는 '한 달 치 영수증을 모아 월간 지출 파악하기'를 시작해 보라고 권했다.

모두 필요한 지출인 줄 알았는데
가계부를 적고 보니 낭비였다

꼼꼼한 성격의 K 씨는 영수증을 빠짐없이 보관했다. 한 달 뒤에는 지출의 전체 흐름이 보이기 시작했다. 그래서 2차면담 때 '지출 검증'을 했다. 사용한 돈의 의미를 생각하는 시간이다. 그러자 가계 지출 상황이 객관적인 숫자로 보이면서 '낭비가 아닐까?'라고 느끼는 포인트가 여럿 있었다.

"식비와 생활용품 구입에 이렇게나(90만 원) 썼다니!"

"권하는 족족 가입했더니 보험료가 25만 원이나 됐네. 너무 많아!"

"남편과 내 휴대전화 요금에 집 인터넷 요금까지 하면 25만 원. 좀 더 줄일 수 있지 않을까?"

지출을 기록해 '시각화' 하기 전에는 '전부 필요한 지출'인줄 알았는데 사실은 낭비일지도 모른다고 생각하게 된 것이다. 지출 검증 후 줄일 항목, 유지할 항목을 명확히 나눠 강약을 조절하며 재무 상태를 개선해 갔다.

식비에 관해서는 버리고 있는 식재료가 없는지 꼼꼼히 살펴 야채든 식재료든 '끝까지 사용한다'를 최우선 과제로 삼았다. 보험은 재계약을 통해 필요한 보장만 남겼다. 통신비도 알뜰폰으로 바꾸니 요금이 대폭 감소했다. 이 밖에 사소한 절약도 포함해 매달 지출을 130만 원을 삭감하는 데 성공했다! 수입 380만 원이 거의 다 지출로 나갔던 가계가 월 지출 250만 원의 규모 있는 살림으로 변신한 것이다.

　단, 너무 갑자기 큰 액수를 줄이는 데 성공했기 때문에 반동으로 요요현상이 벌어질 위험이 있었다. 요요현상이 나타나지 않도록 K 씨와 남편에게 각각 20만 원의 용돈을 새로이 설정했다. 절약 권태기가 왔을 때 스트레스를 발산할 통로가 필요하기 때문이다. 결과적으로 용돈이 부족하거나 매달 지출이 크게 증가하는 일 없이 착실히 저축이 늘어나는 가계로 변신하는 데 성공했다.

제 4 장

효과는 즉시!
돈 모이는
정리 습관

여기까지 읽었다면 조금은 돈에 대한 관심이 커지고 저축 의지도 강렬해졌을 것이다. 마지막 4장에는 이러한 관심과 의지를 유지시키는 데 도움이 되는 내용을 담았다. 적용하고 실천하는 순간, 당신은 이미 '돈이 모이는 사람'이다.

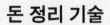

좋은 소비, 나쁜 소비,
지불 가치를 판단하는 잣대

인터뷰를 할 때 "요코야마 씨 댁은 가족이 많아서 휴대전화 요금이 엄청날 것 같아요."라는 질문을 받곤 한다. 그럼 나는 살짝 으쓱해하며 "8대(가족 모두)인데 매달 10만 원 정도 나와요!"라고 대답한다. 3장에서 자세한 내역을 소개한 대로 저비용의 비결은 알뜰폰이다.

나는 보통 사람에 비해 휴대전화에 큰 가치를 두지 않는 편이다. 만약 대기업 통신사와 계약했다면 보통 가정처럼 한 달에 50~60만 원이 통신비로 나갔을 테지만, 필요성과 편리성, 가격이라는 잣대로 대기업 통신사와 알뜰폰을 저울질해 본 뒤 아무런 망설임 없이 '알뜰폰'을 선택했다. 물론 알뜰폰이라는 선택이 모든 이에게 '반드시 좋은 선택'일 수는 없다.

평소 동영상을 많이 보기 때문에 통신 속도를 중시하

는 사람도 있을 테고, 최신 기종이 나오면 사용해 보지 않고는 못 베기는 사람도 있을 테고, 통화량이 많은 사람도 있을 터이다. 또 집이나 직장에서의 Wi-Fi 환경이 좋지 않은 사람도 있을 수 있다. 사용 환경뿐 아니라 휴대전화, 스마트 폰에 대한 생각도 모두 제각각이다. 그러나 특별한 이유 없이 그저 오랜 습관에 젖어 대기업 통신사를 이용하는 사람이 거의 대부분인 듯하다. 우연한 기회에 자신과 가족의 휴대전화, 스마트 폰 사용 상태를 점검해 보고서 '알뜰폰도 괜찮지 않을까?' 하는 생각이 들어 알뜰폰으로 바꾼 사람도 적지 않다.

내 안에는 '힘들게 번 돈이니 의미 있게 사용하자'라는 판단 잣대가 늘 작동 중이다. 이 잣대에 비추어 봤을 때 다달이 50~60만 원이나 들어가는 계약을 그대로 유지하는 일은 용납할 수 없었다. 그래서 '알뜰폰으로 충분하다'라는 결론에 도달했다. 알뜰폰 이야기는 사소한 예에 지나지 않는다.

여러분의 가계는 어떤가? 고정비 가운데 이유도 없이 습관적으로 지불하고 있는 돈은 없는가? 주위 분위기에 휩쓸려 '다들 이 정도는 하니까 나도 하지 뭐'라는 식의 지출은 없는가? 이번 기회에 꼭 재점검해 보길 바란다.

하루하루 알찬 소비를 하자

우리 주위에 흘러넘치는 많은 물건과 서비스에는 가치가 포함돼 있다. 이를테면 체인점 커피숍에서 아메리카노를 마시면 2000원 정도면 충분하다. 그러나 계산대 앞에서 직접 주문해야 하고, 커피를 받아서 자리까지 직접 날라야 하며, 다 마신 뒤에는 테이블 정리도 해야 한다.

한편 고급 호텔 라운지에서 마시는 커피는 만 원이 훌쩍 넘는다. 그러나 부드러운 말투의 호텔 종업원이 주문을 받으러 직접 자리까지 와 주고 커피가 나오면 다시 가져다준다. 또 테이블 간격도 넓어서 옆 사람 신경 쓸 일 없이 안락한 시간을 누릴 수 있다. 물론 가격에만 주목하면 체인점 커피숍에서 마시는 커피가 압도적으로 이익이다. 그렇다고 고급 호텔에서 커피를 마시는 사람은 씀씀이가 헤프고 돈을 못 모으는 사람인가 하면 절대 그렇지 않다.

자신의 가치관에 대한 자부심이 강하고 돈을 알차게 쓸 줄 아는 사람은 '약속이 겹쳐서 중간에 비는 15분 동안 메일을 처리해야 할 때'에는 체인 커피숍을, '중요한 사람과 여유롭게 이야기를 나누고 싶을 때'는 고급 호텔 라운지를 선택한다. 짧은 시간 동안 커피숍에서 작업을 마치고 다음 업무로 잘 넘어갔다면 체인점 커피지만 2,000원 이상의 가치가 있을 테고, 호텔 라운지에서 커피를 마시며 중요한 사람과 친해지는 기회가 됐다면 만 원 이상의 충족감을 맛볼 수 있다. 즉, 누리는 서비스의 가치는 가격만으로 결정되지 않는다. 가격 보다는 소비를 한 뒤 '오늘은 돈을 알차게 썼어.'라고 만족하는 날이 늘어야 한다. 시대가 변하면 돈에 대한 가치관도 변한다.

예를 들어 내가 어렸을 적 한창 고도경제성장기를 달리던 시절에는 물건의 소유가 풍족함의 상징이었다. 자차, 자가 주택 등 조금 무리해 대출을 받는 한이 있더라도 소유를 종용하던 시대였다. 그러나 지금은 차나 집에 집착하는 사람이 점점 줄어드는 추세다. 여전히 매장에는 물건이 넘쳐나지만, 오히려 슬기로운 공유 생활을 통해 소유물을 늘리지 않으려 애쓴다. 물건을 사용하다가 필요 없어지면 중고로 팔아 현금화하는 일은 이제 너무도 당연하다.

돈이 모이는 사람이 되고 싶은가?

돈이 모이는 사람은 무조건 아끼는 자린고비와는 다르다. 돈을 써야 할 때는 쓰고 아낄 때는 아끼는 융통성 있는 소비 생활의 핵심은 자신의 가치관을 존중하는 마음과 '당연한 지출'인지를 계속 의심하는 태도를 통해 돈을 쓰기 전 그것이 지불할 만한 가치가 있는지에 대한 자기만의 기준을 세우는 것이다.

보험은 꼭 들어야 하고, 집은 대출을 받아서라도 사야 하며, 차는 당연히 있어야 한다고 생각하고 있지 않은가? 분명 과거에는 그랬을지도 모르지만, 그 '당연함'이 지금도 유효한지 확인해 볼 필요가 있다.

가격에만 집착해 '싸니까 좋아', '비싸니까 안 돼'라고 판단하기보다 돈을 내고 경험해 본 후 '나에게 좋은 소비였는지 나쁜 소비였는지' 되돌아보는 시간을 가져보자. 시간과 경험이 쌓일수록 돈 사용을 판단하는 잣대도 견고해진다. 이 잣대가 있느냐 없느냐가 돈이 모이는 사람과 그렇지 않은 사람을 가르는 기준이 된다.

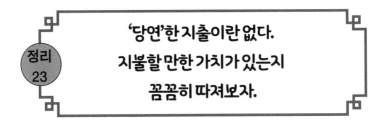

정리 23

**'당연'한 지출이란 없다.
지불할 만한 가치가 있는지
꼼꼼히 따져보자.**

돈 정리 기술

24

돈 모이는
리듬 만들기

돈이 모이는 사람이 되고 싶다면 '돈 모이는 리듬'을 만들어야 한다. '인적 자본'과 '금융 자본'이라는 말을 들어본 적이 있는가?

　인적 자본이란, 장래를 위해 비축된 힘의 총량이다. 간단히 말해 젊은 사람은 오랫동안 건강하게 일할 가능성이 높기 때문에 인적 자본이 풍부하다. 한편 금융 자본은 돈을 벌어 모은 금융 자산(적금과 금융 상품)이다. 부모의 재산을 물려받는 등 특별한 경우를 제외하고 대부분 젊은 사람은 금융 자산이 거의 없다. 그러나 풍부한 인적 자본으로 보완하면 된다.

　인적 자본은 나이가 들어 50대, 60대가 되면 서서히 감소한다. 이때 중요해지는 자원이 금융 자본이다. 인적 자본이 풍부한 시기에 얼마나 돈을 모으고 불려두는가, 이것이 관건인데 생각보다 어렵지 않다. 젊었을 때부터 '돈이 모이는 가계'를 꾸려 유지하면 '시간'이 당신 편이 되어주기 때문이다. 인적 자본이 풍부한 20대, 30대, 40대에 해야 할 일을 제대로 해 두면 자연스레 금융 자본은 불어나기 마련이다.

'시간을 내 편으로 만들겠다'는 의식, 이 또한 돈이 모이는 리듬 중 하나며 안정된 미래 자산을 만드는 중요 요소다.

돈이 잘 모이는 시기와 잘 모이지 않는 시기가 있다

안정된 노후를 보내려면 연금 외에 2억 원 정도의 자산이 더 필요하다는 일본 정부의 발표를 접하고 많은 사람이 장래에 대한 현실적인 불안감에 떨었다. 100세 시대는 이미 기정사실이 됐다. 그러나 한국보건사회연구원이 조사한 노인실태조사(2014년)에 따르면 85세 이상 노인 인구 중 걷기, 식사하기 등 기본적인 활동을 스스로 할 수 있는 사람은 전체의 반도 되지 않는다. 일본도 비슷한 상황이어서 통계 데이터에 의하면 100세를 전후해 건강하게 생활하는 사람은 불과 20퍼센트 정도에 불과하다고 한다.

노인 대부분은 많든 적든 치료나 간병 서비스를 받으며 의료비 명목으로 돈을 지출하고 있다. 노후 생활의 주 수입원인 연금은 수급 개시 연령이 점점 늦춰져 나를 포함한 50세 이하는 65세가 되어야 받을 수 있다. 또 연금만으로는 생활비를 충당할 수 없다는 사실도 안타깝지만 받아들일 수밖에 없다. 안정적인 노후를 생각한다면 돈 모으는 습관을 들여야 한다. 인적 자본은 시간이 지날수록 감소할 수밖에 없다. 이를 앞서 내다보고 미리미리 금융 자본을 쌓아 가는 전략을 세워 놔야 긴 인생을 여유롭게 보낼 수 있다.

그럼 구체적으로 매달 얼마 정도 저축하면 될까?

내가 기준으로 삼는 액수는 매달 실수령액의 1/6이다.

이를 테면 실수령액이 250만 원인 사람은 매달 약 40만 원을 저축으로 돌리면 된다. 계속 모으면 3년 동안 실수령액 기준 연봉의 약 절반인 1,440만 원이 모인다. 단, 이 수치는 어디까지나 기준이다. 20, 30대 독신에 더구나 부모와 함께 산다면 매달 수입의 20~30퍼센트는 저축으로 돌려야 한다. 단, 배우자나 아이가 있고 교육비가 드는 시기는 10퍼센트만 해도 아주 양호하다.

돈 모이는 리듬이라는 관점에서 볼 때 인생에는 '돈이 모이는 시기'가 있다.

- 독신 시절
- 결혼 후 아이가 태어나기 전
- 아이가 독립한 뒤

이 세 시기가 가장 돈이 잘 모이는 때다. 반대로 돈 모으기가 어려운 시기도 있다.

- 아이가 막 태어났을 때
- 아이가 고등학생, 대학생이 돼 교육비가 들어가는 시기
- 갑작스런 사고나 병으로 입원하게 되거나 실직했을 때

이 시기에는 무리하지 말자. '어쩔 수 없다'고 미련을 버리고, 모은다는 데 의미를 두고 소액이라도 좋으니 꾸준히 저축한다. 돈 모으는 사람이 실천하는 가장 효율적이고 기본적인 저축 리듬은 급여가 들어왔을 때 가장 먼저 저축부터 떼 놓는, 소위 '강제 저축'이다.

개중에도 가장 손쉬운 방법이 사내 예금과 같은 급여 공제다. 만약 회사에 사내 예금 제도가 없다면 급여에서 매달 일정액이 자동으로 빠져나가게 하는 은행의 정액 적립식 적금을 이용하면 좋다. 창구 개설이 번거롭다면 24시간 언제든 열려 있는 인터넷뱅킹이 편리하다. 매달 만 원 정도부터 적금 가능하고 창구 은행보다 금리가 조금 높다는 장점도 있다. 서로 다른 은행 간에도 자동이체 설정이 가능하기 때문에 급여 계좌와 자동 적립 정기예금 계좌가 달라도 간단히 '선 저축' 할 수 있다.

단 '선 저축'에 성공하기 위해서는 저축이 빠져나간 금액 안에서 가계 살림이 돌아가야 한다. 시작하기 전에 철저히 가계 상태를 확인한 뒤 저축 구조를 재설계해 보자. 돈 모으는 리듬을 만들 때 가장 중요한 점은, 라이프스타일과 가족 상황 등의 변화에 대응해 나가며 꾸준히 저축해야 한다는 것이다. 적든 많든 차곡차곡 미래를 위해 준비해 보자.

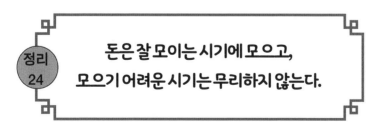

정리
24

돈은 잘 모이는 시기에 모으고, 모으기 어려운 시기는 무리하지 않는다.

돈 정리 기술

25

돈이 모이는 사람의
분명한 두 가지 관점

많은 의뢰인과 가계 상담을 하며 느낀 점은 가계 소득이 많을수록 저축이 적다는 사실이다. 세대 연봉이 1억 원이 넘는데 저축액은 천만 원도 안 되는 세대가 허다하다.

　그 이유는 살림에 강약이 없기 때문이다.

　1장에서도 언급했듯이 수입이 많은 가정일수록 지출에 우선순위가 없다. 그냥 내키는 대로 쓴다. 좋은 재료가 건강에 좋다며 비싼 식재료 위주로 구입하고, 아이를 위해서라며 최고의 교육을 받게 하고, 가족의 편안함을 위한다며 무리해서라도 대출을 받아 집을 장만한다. 물론 건강도 교육도 집도 모두 중요하다. 하지만 중요하다고 계획 없이 돈을 쓰면 지출 전체가 방만해져 살림 여기저기서 돈 새는 소리가 들리기 시작한다.

그런데 돈이 모이지 않는 사람이 가계 관리에 소홀한가 하면 꼭 그렇지도 않다. 남편이 가계 관리에 적극적으로 나서서 엑셀로 꼼꼼히 가계부를 쓰는 가정도 있다. 요즘에는 스마트 폰 앱으로 관리하는 가정도 느는 추세다. 그러나 이러한 적극적인 가계 관리가 오히려 독이 되기도 한다. 흔히 엑셀 입력 시 월 수지와 보너스 수지를 같은 표에 입력하는 실수를 많이 한다. 이렇게 입력하면 월 수지가 마이너스여도 모자란 금액을 보너스가 보전해 주기 때문에 연간 수지는 플러스가 된다. 숫자만 보고 '흠, 이 정도면 됐어.'라고 만족해 버린다.

또 소득이 많으면 돈 빌리기가 쉽다는 점도 문제다.

무리한 대출로 허덕이는 가정을 정말 많이 목격한다. 이용한도액이 크다고 신용카드 현금서비스를 자주 이용하거나, 쇼핑을 리볼빙으로 결제하는 사람도 있다. 지출을 스스로 통제할 수 없는 상태가 됐는데도 높은 소득만 믿고 방심해서는 안 된다. 건강하게 일할 수 있는 동안에야 문제가 표면화되지 않겠지만 시간이 갈수록 안에서부터 곪아 간다.

간병, 실직 등 예기치 못한 일이 발생했을 때 문제가 드러난다

소득은 많지만 지출이 방만한 가계는 가정에 중대한 일이 발생해 노동 형태가 바뀌면 재정이 갑자기 마이너스로 곤두박질친다. 이를테면 맞벌이였다가 어느 한쪽이 출산·육아휴직에 들어간다든가, 부모님 간병을 위해 퇴직한다든가, 회사에서 퇴직 통보를 받았다든가 등등….

가정 안의 크고 작은 일로 세대 수입이 감소해도 수입은 평균 가계보다 많겠지만 그동안 지출이 느슨했던 만큼 다양한 문제가 수면 위로 떠오른다. 문제 상황이 벌어진 뒤라도 가계 개선의 여지 있다. 하지만 쉽지 않다. 되도록 문제가 겉으로 드러나기 전에 지출 흐름을 파악해 소비 형태를 수정하고 가계 규모를 개선해야 한다.

돈을 잘 모으는 사람은 '나에게 필요한 지출인가?'를 확인한 뒤 돈을 쓰는 습관이 몸에 배어 있다. '싸니까 산다'가 아니라 '필요하니까 산다'라는 판단 기준이 명확하다. 그리고 또 한 가지, 돈을 쓸 때 긴 안목으로 생각한다. 대출을 받을 때도 '한 달에 5만 원이면 별로 부담스럽지 않네.'가 아니라, '한 달에 5만 원이면 5년이면 300

만 원이잖아. 신중히 생각해 보자.'라고 장기적 관점에서
검토한다.

이처럼 지출에서 차지하는 낭비 비율을 줄이면 가계
규모는 자연스레 작아진다. 예를 들어 총지출에서 낭비
가 차지하는 비율이 25퍼센트였던 가정이 낭비를 10퍼
센트 줄여 15퍼센트로 낮췄다고 치자. 줄어든 10퍼센트
가 얼마인지는 수입에 따라 다르겠지만, 가령 실수령액
이 250만 원이라면 25만 원, 500만 원이라면 50만 원이
다. 10퍼센트 절약을 3개월, 6개월, 1년 동안 지속했다
는 가정 하에 계산하면, 실수령액이 250만 원인 가정은
75만 원~300만 원이나 지출이 줄어든다. 실수입이 500
만 원인 사람은 배가 될 터이다. 낭비 비율을 10퍼센트
낮추기가 힘들어 5퍼센트만 낮췄다 해도 1년이 지나면
150~300만 원의 차이가 생긴다. 가계 규모를 줄여 장기
적으로 유지하면 큰 성과를 거둘 수 있다.

작은 노력을 하찮게 보는 사람은 이 차이가 얼마나 대
단한지 알 수 없다. "이론상으로야 그렇지.", "그냥 고정
비를 확 줄이면 되는 거 아냐?", "꾸준함이 능력이긴 하
지."라며 다 안다는 듯 말하지만, 실제로 경험해 보지 않
으면 느끼는 바도 없다. 그러나 '하면 바뀐다. 변할 수 있

어.'라고 생각하며 실제로 노력하는 사람은 이 차이를 정확히 안다. 돈이 모이는 사람의 공통 특징인 꾸준함의 원동력이기도 하다.

적당한 부담은 저축하는 힘을 기르는 데 좋은 자극이 된다. 꾸준한 근력 운동이 건강한 삶을 만들 듯, 평소의 작은 저축·절약 습관이 풍성한 삶을 만든다.

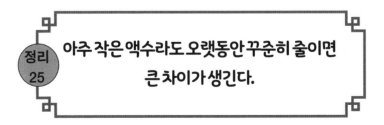

정리
25

아주 작은 액수라도 오랫동안 꾸준히 줄이면 큰 차이가 생긴다.

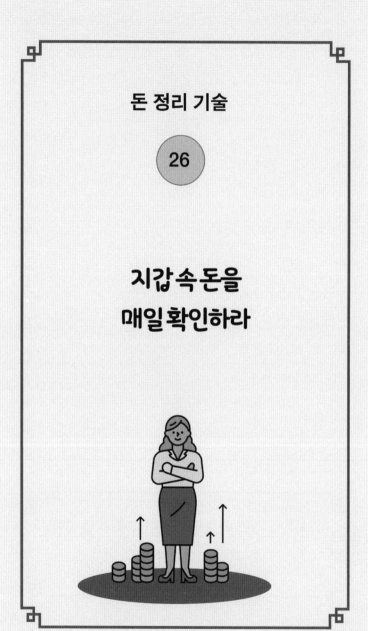

돈 정리 기술

26

지갑 속 돈을
매일 확인하라

2장에서 하루 한 번 지갑 정리하는 방법을 소개했다.

지갑 속 지폐를 정리하며 얼마 있는지 세고 동전은 저금통에 넣고 영수증은 꺼낸다. 내 하루 일과 중 하나이기도 하다. '지금 얼마 가지고 있는지', '무엇에 얼마 썼는지' 파악해야 개운하기 때문에 하루도 거르지 않는다. 돈을 어디에 썼는지는 시간이 지나면 잊어버리기 마련이다. 따라서 지불한 직후 메모로 남기고 하루 마무리 시간에 지갑을 정리하면서 앞뒤가 맞는지 확인해야 직성이 풀린다. 그래서 나는 "지금 지갑에 얼마 있어요?"라고 물으면 즉시, 거의 정확한 액수를 말할 수 있다. 돈 정리 능력을 기르는 토대가 되는 습관이라고 생각한다.

이를테면 '노후 2억 원 문제'가 화제가 됐을 때 많은 미디어 매체로부터 "정말 2억 원이나 필요할까요? 2억 원을 마련할 수나 있을까요?"라는 질문을 많이 받았다. 솔직히 말해 '새삼스럽게 웬 난리지?'하고 오히려 내가 더 놀랐다. 2억 원이 필요한지 아니면 그 이상인지 구체적인 금액에 대해서는 다양한 의견이 있을 테지만, 노후에 연금만으로 생활할 수 없기 때문에 노후 대비 저축이 필요하다는 사실은 나를 포함해 돈을 다루는 일을 하는 파이낸셜 플래너에게는 상식이다.

노후 자금이 부족하다는 사실이 명백한데도 제대로 인식하지 못하는 점이야말로 큰 문제다. 게다가 일련의 보도를 접하고 불안감에 빠져 갑자기 투자에 손댔다가 오히려 손해만 봤다는 이야기도 들려온다. 장래에 대한 계획도 중요하지만 가장 중요한 것은 '현실 직시'이다. 여기서 말하는 '현실'이란 자신의 현 가계 상태에 대한 제대로 된 파악이다.

장래에 대한 불안 탓에
갑자기 고리스크 투자에 손을 댄다

가계 상태 파악을 위해 가장 먼저 할 일은 매일 지갑 속 돈 세기와 지출 '시각화'이다. 저축하고 싶은 마음은 있지만 잘 안 되는 사람은 '지금'을 보려는 노력을 게을리하기 때문일지도 모른다. 온 관심이 불안하고 막막한 미래에만 집중돼 있으면 어느 순간 혹해서 위험 손실이 높은 투자에 손을 댈 수도 있다.

장래를 위한 준비는 반드시 필요하다. 그러나 현상 파악이 없는 미래 설계는 좋은 결과로 이어지지 않는다. 우선은 월간 생활비 및 긴급 상황에 대비한 생활방어자금으로 최소 월수입의 7.5개월분에 해당하는 액수를 준비해 두자.

이 밖에 교육비나 자동차 구입비 등 미리 마련해 두어야 할 돈이 있으면 이것까지 준비해 둔 뒤 노후 등 장래 준비에 돌입해야 한다. 이 단계를 건너뛴 채 매일 지갑에서 돈이 어떻게 나가는지 확인도 하지 않으면서 먼 앞일 생각에 조급하다면 순서가 틀렸다.

가까운 데서부터 찬찬히 준비해야 비로소 돈이 모이는 선순환 가계가 만들어진다.

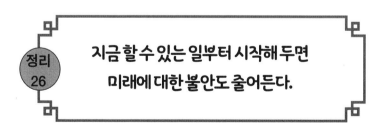

정리
26

**지금 할 수 있는 일부터 시작해 두면
미래에 대한 불안도 줄어든다.**

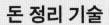

27

용돈 없음은 역효과
단, 현금으로

성경에 '사람이 떡으로만 살 것이 아니요.'라는 구절이 있다. 물질적인 만족만으로 진정한 행복을 맛볼 수 없다는 의미이다. 이 구절은 돈 사용과도 일맥상통한다. 가계 상담을 해 보면 돈 모을 생각에 젖먹던 힘까지 쥐어짜며 절약하는 사람이 있다. 솔직히 거의 완벽하게 가계 관리를 하고 있어서 해 줄 조언도 별로 없다.

단, 돈을 쥐어짜는 흔적이 역력한 가계부를 보고 있노라면 '통장 잔고는 늘겠지만 과연 행복할까?', '언젠가 절약하다 지쳐서 다시 원상태로 돌아오지 않을까?'라는 걱정이 앞선다. 돈은 모일지 모르지만, 하루하루 만족감도 없고 미래에 대한 꿈도 없는 삶은 그저 우중충한 회색빛이다.

'절약이 너무 지나친 것 아닐까?'라는 생각이 드는 사람을 만나면 나는 용돈의 소중함을 역설한다. 나는 남편, 아내, 아이들 각자가 자신의 권한으로 자유롭게 쓸 수 있는 용돈을 받아야 한다고 생각한다. 숨 돌릴 구석이 없으면 언젠가 펑 터지기 마련이다.

내가 용돈 이야기를 하면 어떤 사람은 "절약 중인데 용돈 따위 필요 없지 않아요?"라고 묻기도 한다. 절대 그렇지 않다. 오히려 절약 중이기 때문에 더더욱 용돈이 필요하다.

용돈은 세대 수입의 7~10퍼센트가 적당하다

'자유롭게 사용하는 돈=낭비'라고 생각한다면 처음부터 '용돈' 항목을 만들어 보자. 끝도 없이 헤퍼지는 씀씀이에 브레이크를 걸 수 있다.

'용돈으로 무엇을 하든 각자 자유'라고 정했다면 용돈을 어떻게 쓰든 가타부타 간섭하지 말자. 용돈이라는 테두리 안에서 자유를 만끽하면 정신적인 여유도 생기고, 가계에 여유가 있어야 용돈을 쭉 받을 수 있으니 관리에 더 열심을 내게 된다.

단, 용돈 액수는 신중히 정하자. 가계에 부담이 된다면 의미가 없다. 얼마가 적당할까?

가계 상담 데이터를 분석해 본 결과, 가족 전체 용돈의 합계가 세대 수입의 7~10퍼센트 정도면 적당한 듯하다. 그리고 '받은 용돈 범위 안에서 각자 규모 있게 쓰려고 노력하고 만에 하나 부족해도 절대로 보전하지 않는다.' 라는 규칙을 세워둔다. 그러려면 용돈은 현금만 사용해야 한다. 용돈을 신용카드나 간편결제로 쓰면 부족할 때 긁어버리면 그만이기 때문이다. 쓰고 싶을 때 쓸 수 있는 자유로운 내 용돈이 있으면 오히려 낭비가 줄고 돈이 모이는 가계 구조가 형성된다.

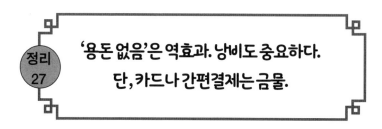

정리
27

'용돈 없음'은 역효과. 낭비도 중요하다.
단, 카드나 간편결제는 금물.

돈 정리 기술

28

방 정리를 먼저 하라,
정리와 저축은 한몸

1장에서 돈이 모이지 않는 사람들은 공통적으로 '방이 지저분하다'라고 말했다. 방 정리정돈은 개인적인 문제인데 돈 모으기와 무슨 상관이냐고 의아해하는 사람도 있을 터이다. 정리는 '필요한 물건과 필요 없는 물건을 구분하는 작업'이다. 정리정돈이 습관이 된 사람과 그렇지 않은 사람은 지출에 대한 의식도 다르다.

예전에 전업주부인 D 씨가 '절약하는데 돈이 모이지 않는다.'라며 사무실 문을 두드렸다. 그래서 집 모습을 사진으로 찍어 오라고 했더니 거실이며 부엌 팬트리며 물건으로 넘쳐나 뭐가 있는지 모를 지경이었다. 아이 방 등도 박스와 물건으로 가득했다. 필요한 물건이 눈에 보이지 않아 물건을 찾느라 진땀 뺀 적이 한두 번이 아니라고 했다.

필요한 물건과 불필요한 물건을 나누면 헛수고가 줄어든다

그래도 남편은 D 씨를 신뢰해 가계를 맡겼다. 자신은 정해진 용돈 안에서만 돈을 쓰기 때문에 저축을 하고 있을 것이라고 생각했다. 그러나 사실 D 씨의 가계는 적자였고 모아 놓은 돈도 없었다. 이 사태의 주범은 방마다 가득가득한 물건을 사느라 들어간 변동비였다.

나는 가계 재건을 위해서는 집을 정리해야 한다고 말했다.

예를 들어 D 씨의 집에는 물려받은 아이 옷들이 엄청났다. 그런데 활용하지 못하고 상자에 담겨 방치된 상태였다. D 씨는 물려받은 옷은 입히지 않고, 필요에 따라 아이 옷을 새로 사거나 중고로 구입하고 있었다. 무엇이 어디에 있는지 보이지 않는 탓에 중복 구매한 것이다. 그래서 아이 옷을 모두 꺼내 필요한 옷과 필요 없는 옷으로 나누게 했다. 그랬더니 입을 수 있는 옷이 많았고, 덕분에 매달 나가던 의복비가 줄게 됐다. 쓸 것, 안 쓸 것, 필요한 것, 필요하지 않은 것으로 나누는 일은 정리의 기본이다.

마찬가지로 팬트리 등에 쌓인 식재료도 구분했다. 식품은 종류·목적에 따라 한곳에 모으고, 사용할 재료는 팬트리의 정해진 곳에 수납한다는 규칙을 철저히 지키도록 했다. 수납 장소에 다 들어가지 않는 물건은 바로 사용하거나 단호히 폐기했다. 그리고 새 물건을 사서 채워 넣을 때는 반드시 수납공간에 들어갈 만큼만 사도록 했다. 그래야 쓸데없이 중복구매하는 일이 없다. 이 방법은 실내의 모든 공간 수납에 적용할 수 있다. 방을 정리하고 수납 장소를 한정시킴으로써 '싸니까 일단 사고 보자'라는 행동만 수정했을 뿐인데, D 씨의 살림은 눈에 띄게 개선됐다. 정리와 저축은 표리일체였던 것이다.

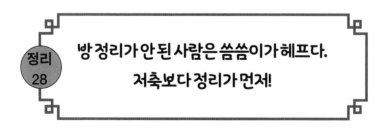

정리
28

**방 정리가 안 된 사람은 씀씀이가 헤프다.
저축보다 정리가 먼저!**

돈 정리 기술

29

'가계 지갑'과
'낭비 지갑'

2장에서는 '작은 지갑'을 사용해 돈이 모이게 하는 방법을 소개했다. 단 작은 지갑 하나로는 불편할 수도 있다. 이럴 때 '보조 지갑'을 활용하면 가계 관리에 도움이 된다. 우리 집도 보조 지갑을 사용하고 있는데 거실 서랍장에 '가계 지갑'과 '보조 지갑'이 있다.

가계 지갑은 식비나 생활용품비 등의 예산을 넣어 두는 지갑이다.

앞에서도 설명했듯이 일주일에 한 번 일정 금액의 생활비를 넣는다. 우리 집은 매주 월요일에 20만 원을 채운다(15만 원은 페이카드 충전, 5만 원은 지갑). 매주 같은 요일에 같은 금액을 채워 넣으면 잔고를 맞춰 계획적인 소비를 할 수 있다. 또 가계 지갑에는 예비비 20만 원과 보험증 등도 함께 넣어 둔다. 우리 집은 아이가 많아서 의료비 등으로 갑작스럽게 돈이 필요한 경우도 있기 때문이다.

보조 지갑은, 우리 집의 경우 '낭비 지갑'에 가깝다.

열심히 살림을 꾸리며 절약하는 것도 좋지만, 절약에는 스트레스가 따르기 마련이다. 가끔은 사고 싶지만 꾹꾹 참아왔던 무언가를 구입하기도 하고 일부러 낭비하는 등 작은 사치도 누려야 한다.

그러려면 각자 용돈이 필요하다. 가령 이렇게 제안해보면 어떨까?

가족 모두가 쇼핑몰에 갔을 때 "우리 매번 마트 아이스크림만 먹었잖아. 오늘은 간만에 베스킨라빈스에 갈까?"라고 하거나, "지난달, 이번 달 모두 열심히 생활했으니까 오늘 저녁밥은 푸드코트에서 각자 먹고 싶은 거 골라서 실컷 먹을까?"라는 식으로 말이다.

말이 낭비지 사실 금액만 보면 소소한 스트레스 해소 정도에 불과하다. 낭비 지갑은 가족이 자유롭게 사용하는 가족 용돈이라고 생각하면 될 듯하다.

가계 지갑과 낭비 지갑은 가족이 함께 관리한다

낭비 지갑의 재원은 매주 생활비 20만 원에서 남은 돈이다. 다음 세 가지 규칙을 지키며 사용하자.

- 가계 지갑에서 '낭비'가 분명한 지출은 하지 않는다.
- 반대로 낭비 지갑에서 생활비를 꺼내지 않는다.
- 가계 지갑, 낭비 지갑은 아이 포함 가족 모두가 관리한다.

일반적으로 아내나 남편 둘 중 한쪽만 절약에 힘쓰는 가정이 많은데, 가계 지갑과 낭비 지갑을 가족 모두가 함께 관리하면 가정 경제에 대한 관심도 커진다.

낭비 지갑 사용 시에는 반드시 현금만 사용한다. 절대로 신용카드나 전자화폐로 지불하지 않는다. 그래야 씀씀이가 헤퍼지지 않는다.

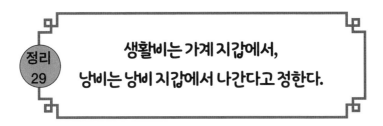

정리
29

생활비는 가계 지갑에서,
낭비는 낭비 지갑에서 나간다고 정한다.

돈 정리 기술

30

공짜에 혹하는 습성은
돈 못 모으는 사람의 특징

수수료 무료, 배송비 무료, 무료 체험, 무료 상담 등 세상에는 '무료'가 많다. 솔직히 말해 '무료=이익'이라고 생각하는 습성은 돈이 모이지 않는 사람들의 특징이다. 무료인 데에는 다 이유가 있기 마련이다. 주의하지 않으면 오히려 돈만 줄줄 새기 십상이다.

　예컨대 인터넷 쇼핑의 무료 배송이 대표적이다. 만 원만 더 사면 배송비가 공짜니까, 하는 마음에 필요도 없는 물건을 구입한 적 없는가? '사는 김에 사야지.'라는 생각은 낭비로 이어지는 지름길이다.

　또 멜론, 넷플릭스 등의 정기구독 서비스는 가입하면 일정 기간 무료체험 기회를 준다. '한 달 동안 모든 영화

공짜'라는 광고에 혹해 가입한 뒤 무료체험 기간이 끝난 줄 모르고 그대로 방치하는 사람이 태반이다. 별로 보지도 못했는데 어느새 월정액 회비가 결제된 것을 알고 속 쓰려 본 경험, 아마 한 번쯤은 있을 것이다. 회원제는 매달 고정비가 지출되므로 공짜라는 광고 문구에 혹하지 말고 정말 필요한지를 잘 따져 결정해야 한다.

'무료 상담'은 친절해서라고?
속셈은 따로 있다

길모퉁이나 쇼핑몰에서 '보험 재설계', '무료 상담'이라는 광고가 적힌 간판을 본 적 있는가?

보험 전문 상담원이 현재 보험 가입 상태를 무료 진단해 당신에게 딱 맞는 보험을 추천해 준다고 홍보한다. 선전 내용이 사실이라면 '엄청 매력적인 서비스'일 테지만 세상은 그렇게 호락호락하지 않다. 무료 상담을 빌미로 보험 대리점이 자기들에게 이익이 되는 상품을 소개하고 판매한 뒤 수수료를 챙기는 구조다. 그런데 제 발로 찾아 들어가 사전 지식도 없이 "좋은 보험이 없을까요?"

라고 묻는다면 스스로 봉을 자처하는 꼴이다.

냉정히 생각해 보면 알 수 있듯이 무료로 서비스를 제공하는 비즈니스는 성립되지 않는다. 뒤로 돈벌이 장치를 다 마련해 놓았기 때문에 무료입장이 가능한 것이다.

투자도 마찬가지다. 은행이나 증권 회사는 주기적으로 무료 투자 세미나를 열고 친절하게 주식 투자나 투자 신택에 대해 가르쳐준다. 단, 그 뒤에는 '되도록 우리에게 돈이 되는 상품을 팔아야지.'라는 속셈이 있다. 투자 신탁이 특히 그렇다. 투자 신탁은 투자 회사에서 만들고, 은행이나 증권 회사는 투자 회사에서 상품을 받아 판매하는 것뿐이기 때문이다.

어차피 팔아야 한다면 판매 수수료가 높은 상품을 팔고 싶은 것이 사람 마음이다. 무료 세미나는 이를 위한 포석에 불과하다. '공짜'에 혹하지 않겠다고 매일 스스로에게 다짐하자. 그래야 돈이 모인다.

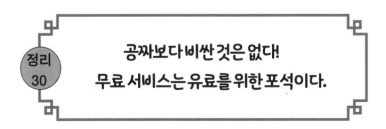

정리
30

**공짜보다 비싼 것은 없다!
무료 서비스는 유료를 위한 포석이다.**

돈 정리 기술

31

돈으로 불안을 겪고 있다면,
효과는 즉시 나타난다.

당신은 살면서 돈 때문에 실패한 적이 있는가?

지난날을 되돌아보면 나 역시 돈 문제로 실패한 적이 꽤 많다. 대학 시절에는 슬롯머신에 빠져 아르바이트로 모은 돈을 불과 2, 3일 만에 모두 탕진하는 생활을 반복했다. 그 탓에 가계 회생 컨설턴트로 독립하고서도 빚 때문에 힘들었다. 하지만 나는 그때의 실패 경험을 후회하지 않는다. 오히려 진심으로 '실패해 봐서 다행이다'라고 생각한다. 실패를 통해 '내가 이렇게 한심하구나.'라는 생각이 들 정도로 밑바닥까지 내려가 봤기 때문에 무턱대고 타인의 실패를 비난하거나 행동을 부정하지 못한다.

적자로 허덕이는 가정을 만나 가계 회생에 돌입할 때도 밑바닥이었던 과거 내 모습을 떠올리며 의식적으로 사람은 누구나 실패할 수 있다고 되뇐다. 상담할 때 뻔한 이상론만 늘어놓지 않으려 애쓰고, 가계가 왜 이 모양이냐고 다그치지 않는 것도 모두 과거의 실패 덕분이다.

"다 써 버렸어요."

"어디로 사라졌는지 모르겠는데 보너스가 하나도 안 남았어요."

"절약하고 있는데 왜 그럴까요?"

고객이 어떤 말을 하든 '그 기분 잘 알아요.'라고 마음속으로 끄덕인다. 고객의 입장이 이해되기 때문에 앞으로 어떻게 개선하면 좋을지 함께 생각할 수 있다.

참지 못하고 돈을 다 써 버리고 돈 때문에 실패했는가?

이때 가장 중요한 것은 '실패를 돌이켜보는 시간'을 갖는 일이다. 누구나 실패는 한다. 실패한 다음이 문제다. '자, 이 실패를 어떻게 하면 극복할 수 있을까?'라고 생각할 여유가 있다면 아무 문제 없다.

수입이 늘지 않아도 저축을 늘릴 수 있다

가계 회생 컨설턴트로 독립하기 전 나는 법무사 사무소에서 일했다. 그곳에서는 드라마 속 한 장면 같은 일들이 자주 일어난다. 새파랗게 질린 얼굴로 찾아와 "사금융 여기저기에 빚이 3천만 원이나 있어요."라고 울먹이며 말하던 사람이 "채무 정리를 하고 과불금반환청구를 하면 빚이 없어져요."라는 말을 듣고 순식간에 표정이 180도 변하는 광경은 흔하다.

시종일관 의기소침한 표정으로 어물거리던 말투가 "오히려 과불금으로 천만 원을 되돌려 받을 수 있어요."라는 말에 갑자기 에너지가 충전된 것처럼 지치지도 않고 "돈이 언제 돌아온다고요?"라고 연신 묻기도 했다. 이처럼 사람의 태도는 돈이 있고 없음에 따라 돌변한다. 다중채무로 힘들어하는 사람과 많이 접해본 내 경험상, '가난도 좋은 경험'이라는 말은 수긍하기 어렵다.

나는 되도록 한 명이라도 많은 사람이 적자 가계라는 수렁에서 빠져나오기를 바란다. 지금껏 많은 위기 가정을 상담하며 열심을 낸 것도 이러한 마음에서이다. 그러나 현실은 그리 녹록지 않다. 열심히 일해도 수입은 간단히 늘지 않는다. 그럴 때 지금까지 소개한 지출 '시각화'를 통해 가계를 재건하는 방법은 큰 힘이 된다.

적자 가계 대부분은 어디에 구멍이 뚫렸는지 몰라 돈이 새고 있을 뿐이다. 방법만 알면 수입 증가 없이도 개선의 여지가 충분하다. 실제로 연간 세대 수입 2천~3천만 원대에서도 아이를 키우면서 착실히 저축을 늘려나가는 가정을 많이 목격했다.

적자에 허덕이는 가정의 지출 내역을 살펴보면 '그냥', '필요할 것 같아서' 등 목적과 동기가 애매한 지출이 많다. 수입이 많든 적든 상관없다. 앞으로 현금보다 신용카드나 간편결제로 지불할 일이 훨씬 많아질 텐데 이대로 방치하면 돈만 계속 샐 뿐이다. 돈을 쓴 뒤 현명한 소비였는지 검토해 보고 잘못된 소비 패턴이 있다면 고치려고 노력해야 한다. 그러면 상황은 충분히 좋아질 수 있다.

이 책에서 소개한 지불 방식별 가계부 쓰기와 작은 지갑 활용법을 잘 실천하면 지출 흐름이 파악되면서 소비 생활이 질서정연해진다.

효과는 즉시 나타난다.

남은 것은 당신의 결단과 실천뿐이다.

정리
31

돈으로 불안을 겪고 있다면
돈 정리 습관을 당장 시작하자.

나오는 글

요즘 우리나라는 물론이고 세계적으로도 소비 촉진을 위해 신용카드나 체크카드, 전자화폐, QR 결제와 같은 비현금 결제 수단을 적극 장려하는 추세다. 일본처럼 정부 차원에서 캐시백이나 포인트 환원 등의 혜택을 제공하는 나라도 있다. 이런 흐름의 영향인지 평소 현금 결제만 고집하던 사람이 생애 첫 비현금 거래를 시작했다는 이야기를 자주 듣는다.

비현금 결제, 당신은 어떻게 활용하고 있는가?

"편의점에서 결제하면 2퍼센트 할인돼서 자주 사용하는 편이에요."

"5퍼센트 캐시백이라는 광고를 보면 살까 말까 망설이던 물건도 사게 되더라고요."

"한 번 사용한 뒤로는 계산대에서 지갑을 꺼내기가 귀찮아요."

"생각 없이 쓰다가 이용대금명세서를 보고 깜짝 놀랐어요. 무서워서 다시 현금으로 돌아왔어요."

"얼마 썼는지에 대한 감각이 없으니까 자꾸 쓰게 돼요."

　가계 상담 현장에서는 비현금 결제의 장단점을 모두 듣는다. 단, 의견을 종합해 보면 '편하고 혜택이 많지만 무심코 헛돈을 쓰게 된다.'라는 의견이 지배적이다. 특히 스마트 폰 앱에 등록해 사용하는 '○○페이' 등의 QR 코드 결제는 신용카드보다 캐시백 혜택이 커서 그런지 헤프게 사용하는 사람이 많은 듯하다. 그러나 혜택에만 마음을 빼앗겨 마구 썼다가는 통장 잔고가 점점 줄어 그야말로 금세 현금 거지로 전락할지도 모른다.

　'현금'에서 '비현금 결제'로 지불 방법이 변했어도 지출은 지출이다. 돈이 나가는 출구가 지갑에서 은행 계좌로 바뀌었을 뿐 지출의 '시각화'가 중요하다는 사실은 변함이 없다. 오히려 익숙하고 친근한 현금이 아닌 낯선 존재이기 때문에 더더욱 지출 관리에 신경 써야 한다.

앞으로도 비현금 결제는 꾸준히 늘어나 생활 속에 완전히 뿌리 내릴 것이다. 한 가지 불안한 점은, 지갑에서 지폐와 동전이 나가는 흐름이 보이지 않는 만큼 무분별한 지출이 늘어날 위험이 높다는 것이다. 그러나 세계적으로 비현금 결제가 확산되고 있는 지금, 우리도 이 새롭고 편리한 방식에 익숙해질 필요가 있다.

당신도 지금의 변화를 기회 삼아 현금, 카드, 간편결제 등 돈이 나가는 출구를 정리해 보면 어떨까?

내 고객 중에는 지출 관리에 힘쓰며 가계 개선을 위해 노력한 덕분에 기대 이상의 적금을 늘린 사람이 많이 있다. 지출 흐름을 '시각화'해 돈 나가는 출구를 정리해 보자. 통장 잔고가 불어나는 쏠쏠한 재미를 누릴 수 있을 것이다.

요코야마 미쓰아키